国家出版基金项目
NATIONAL PUBLICATION FOUNDATION

国家出版基金资助项目
中宣部2018年主题出版重点出版物
“中华民族伟大复兴中国梦”系列丛书

ZHONGGUO TESE SHEHUI ZHUYI WENHUA

中国特色社会主义文化

丛书主编：郑德荣　李　蓉　孔德生

孔德生　郑凯旋　于泉蛟／著

吉林出版集团股份有限公司
全国百佳图书出版单位

图书在版编目（CIP）数据

中国特色社会主义文化 / 孔德生, 郑凯旋, 于泉蛟著. -- 长春：吉林出版集团股份有限公司, 2018.12（2025.1重印）
（中华民族伟大复兴中国梦系列丛书 / 郑德荣, 李蓉, 孔德生主编）
ISBN 978-7-5581-6059-2

Ⅰ. ①中… Ⅱ. ①孔… ②郑… ③于… Ⅲ. ①中国特色社会主义－文化事业－研究 Ⅳ. ①G12

中国版本图书馆CIP数据核字(2018)第296245号

中国特色社会主义文化
ZHONGGUO TESE SHEHUI ZHUYI WENHUA

总 策 划：姚玉和　杨学忠
策　　划：周海英　耿　宏　刘文辉
丛书主编：郑德荣　李　蓉　孔德生
本册著者：孔德生　郑凯旋　于泉蛟
责任编辑：杨晓天　冯　雪
责任校对：崔博华　矫黎晗　金　昊
装帧设计：长春金鼎设计印务有限公司
技术编辑：傅广岩　张　帅　刘美丽　李　鑫
出　　版：吉林出版集团股份有限公司
发　　行：吉林出版集团社科图书有限公司
电　　话：0431-81629725
印　　刷：唐山楠萍印务有限公司
开　　本：710mm×1000mm 1/16
字　　数：200千字
印　　张：15
版　　次：2018年12月第1版
印　　次：2025年1月第4次印刷
书　　号：ISBN 978-7-5581-6059-2
定　　价：35.00元

目 录

引 言 …………………………………………………………………… 001

第一章 中国特色社会主义文化的科学内涵与本质特征 ……………… 004

一、中国特色社会主义文化的科学内涵 ……………………………… 004

二、中国特色社会主义文化的本质特征 ……………………………… 016

第二章 中国特色社会主义文化的时代价值与现实功能 ……………… 031

一、中国特色社会主义文化的时代价值 ……………………………… 031

二、中国特色社会主义文化的现实功能 ……………………………… 046

第三章 中国特色社会主义文化的指导思想与基本原则 ……………… 062

一、中国特色社会主义文化的根本指导思想 ………………………… 063

二、中国特色社会主义文化建设的基本原则 ………………………… 097

第四章 中国特色社会主义文化建设的探索历程与基本经验 ………… 108

一、中国特色社会主义文化建设的探索历程 ………………………… 109

二、中国特色社会主义文化建设的实践成就 ………………………… 152

三、中国特色社会主义文化建设的基本经验 ………………………… 164

第五章 中国特色社会主义文化建设的现实问题与路径选择 ………… 170

一、中国特色社会主义文化建设的现实问题 ………………………… 170

二、中国特色社会主义文化建设的路径选择 ………………………… 184

第六章 新时代中国文化发展与中国共产党人的文化使命 …………… 219

一、新时代的中国文化发展 ………………………………………… 219

二、党在新时代承担的文化使命 …………………………………… 221

结　论 …………………………………………………………… 227

参考文献 ………………………………………………………… 229

引 言

中国特色社会主义文化是中国特色社会主义事业的重要组成部分，既是对中国特色社会主义事业的深刻反映，也会对中国特色社会主义事业形成有效的支撑。新时代，以习近平为核心的党中央对中国特色社会主义文化进行了深刻的阐释和说明，并提出了文化建设的更高的要求和标准。基于此，本书主要就中国特色社会主义文化的科学内涵与本质特征、时代价值与现实功能、指导思想与基本原则、探索历程与基本经验、现实问题与路径选择以及新时代文化发展与历史使命等方面进行了深入探究。

关于中国特色社会主义文化的科学内涵与本质特征。主要是概念解读和特征界定，揭示中国特色社会主义文化的实质内涵、地位作用、发展方向、发展目的、发展动力，总结中国特色社会主义文化所具有的民族性、时代性、先进性、开放性特征，使读者对中国特色社会主义文化有一个全方位的了解和把握。

关于中国特色社会主义文化的时代价值与现实功能。主要阐释中国特色社会主义文化在当今时代有利于巩固党的执政地位、增强党的执政能力，彰显和发挥中国特色社会主义制度的优越性，创造和谐稳定的国际环境，有利于世界社会主义运动的发展。中国特色社会主义文化的现实功能，主要体现在为中国特色社会主义建设提供思想保证、精神动力、凝聚力量和智力支持。

关于中国特色社会主义文化的指导思想与基本原则。就指导思想而言，主要是指马克思主义的根本指导思想，从马克思主义所内蕴的唯物史观、实践论、科学社会主义、社会主义核心价值等方面予以阐释和说明。就基本原则而言，着重总结了要坚持中国共产党的领导、确保国家意识形态安全、以满足人民精神生活需求为出发点和落脚点，以及坚持协调发展文化事业和文化产业。

关于中国特色社会主义文化建设的探索历程与基本经验。主要从历史时间顺序的角度，分别介绍了以毛泽东、邓小平、江泽民、胡锦涛、习近平为代表的中国共产党人对中国特色社会主义文化建设的探索历程，并从社会主义核心价值体系逐步建立、公民道德文化素质全面提升、人民精神文化生活日益丰富、对外交流硕果累累、文化体制改革不断推进等方面，总结了中国特色社会主义文化建设的成就。同时总结了中国特色社会主义文化建设的基本经验，要立足中国国情，尊重文化建设的客观规律，要树立高度的文化自觉，重视文化的社会作用，要大力弘扬求真务实的精神，开辟文化发展新局面，要坚持文化改革与创新，为文化发展注入新活力。

关于中国特色社会主义文化建设的现实问题与路径选择。主要总结和揭示了中国特色社会主义文化所面对的种种现实问题，包括价值观念多元化的阻碍，传统文化匮乏，文化产业竞争力相对薄弱，西方文化渗透产生的冲击，文化建设发展失衡，国家文化安全问题凸显等。针对这些问题，我们探讨了中国特色社会主义文化建设的路径选择，主要包括要坚持马克思主义的指导地位，全面提升文化软实力，大力弘扬优秀传统文化，增强文化核心竞争力，提升文化舆论引导能力，加强爱国主义和理想信念教育，构建公共文化服务体系，推进文化产业改革创新，加强中外文化交流等。

总之，中国特色社会主义文化这一主题，包含丰富的内容，需要我们立足新时代，从党和国家、人民需求的角度，全方位、立体式、动态化地进行研究和阐释。希冀在推进中国特色社会主义事业和民族复兴的伟大征程中，真正体现中国特色社会主义文化的重要作用。

第一章
中国特色社会主义文化的科学内涵与本质特征

中国特色社会主义文化有着丰富的思想内涵，中国特色社会主义文化建设的各个方面，都要围绕中国特色社会主义文化的科学内容，要体现中国特色社会主义文化的本质特征。中国特色社会主义文化的科学内涵和本质特征，制约和影响着中国特色社会主义文化建设的具体措施、基本路径。

一、中国特色社会主义文化的科学内涵

中国特色社会主义文化建设是一个系统而全面的工程，包括这一建设在我国整体社会建设体系中的地位和作用，尤其是中国特色社会主义文化建设的内容要点、根本目的、发展方向、发展动力等要素。因此，我们应该从一个全方位、立体式、动态式的角度去审视中国特色社会主义文化建设的科学内涵。首先应该科学认识中国特色社会主义文化的内涵，中国特色社会主义文化建设的方方面面，都要围绕中国特色社会主义文化这一核心内容，要体现中国特色社会主义文化的

核心要义。中国特色社会主义文化的内在实质、基本内涵，规定和制约着中国特色社会主义文化建设的方方面面，进而构成中国特色社会主义文化建设的基本内涵和本质特征。脱离中国特色社会主义文化这一核心内容、根本要义，中国特色社会主义文化建设就会发生偏离，乃至寸步难行，达不到预期的建设效果。

（一）中国特色社会主义文化的定义

毛泽东在《新民主主义论》一文中，阐释了新民主主义文化的内涵，他指出：新民主主义文化“就是无产阶级领导的人民大众的反帝反封建的文化”[①]，为中国特色社会主义文化的内涵奠定了初始前提。邓小平在提出中国现代化建设纲领时，曾明确指出：“我们要在建设高度物质文明的同时，提高全民族的科学文化水平，发展高尚的丰富多彩的文化生活，建设高度的社会主义精神文明。”[②]邓小平主张物质文明建设和精神文明建设两手都要抓，两手都要硬。这为中国特色社会主义文化的内涵提供了重要视角。江泽民提出了中国特色社会主义文化的概念，他指出：“建设有中国特色社会主义的文化，就是以马克思主义为指导，以培育有理想、有道德、有文化、有纪律的公民为目标，发展面向现代化、面向世界、面向未来的，民族的科学的大众的社会主义文化。”[③]胡锦涛进一步指出：“建设社会主义文化强国，必须走中国特色社会主义文化发展道路，坚持为人民服务、为社会主

①《毛泽东选集》（第二卷），人民出版社，1991，第698页。
②《邓小平文选》（第二卷），人民出版社，1994，第208页。
③《江泽民文选》（第二卷），人民出版社，2006，第537页。

义服务的方向，坚持百花齐放、百家争鸣的方针，坚持贴近实际、贴近生活、贴近群众的原则，推动社会主义精神文明和物质文明全面发展，建设面向现代化、面向世界、面向未来的，民族的科学的大众的社会主义文化。”[①]党和国家的历代领导人的论述，不断丰富和发展了中国特色社会主义文化的科学内涵。

进入新时代，习近平总书记在十九大报告中指出：“中国特色社会主义文化，源自于中华民族五千多年文明历史所孕育的中华优秀传统文化，熔铸于党领导人民在革命、建设、改革中创造的革命文化和社会主义先进文化，植根于中国特色社会主义伟大实践。发展中国特色社会主义文化，就是以马克思主义为指导，坚守中华文化立场，立足当代中国现实，结合当今时代条件，发展面向现代化、面向世界、面向未来的，民族的科学的大众的社会主义文化，推动社会主义精神文明和物质文明协调发展。要坚持为人民服务、为社会主义服务，坚持百花齐放、百家争鸣，坚持创造性转化、创新性发展，不断铸就中华文化新辉煌。”[②]这是习近平总书记结合新的时代背景，在我国全面进入中国特色社会主义建设的新时期，对中国特色社会主义文化的内涵所作的更为详细的概括和说明。

习近平总书记对中国特色社会主义文化内涵的阐释和说明，一方面，继承了中国共产党历代领导人关于文化建设的基本思想、基本原则，确保了政策战略的稳定性，做到了理论的一脉相承和实践的一贯坚

①《十八大报告辅导读本》，人民出版社，2012，第31页。

②习近平：《决胜全面建成小康社会　夺取新时代中国特色社会主义伟大胜利——在中国共产党第十九次全国代表大会上的报告》，人民出版社，2017，第41页。

持；另一方面，对社会主义文化作出全新的解读、概括和说明。习近平总书记的论述，源于对中国五千年优秀传统文化的传承，是对中国社会在革命、建设、改革过程中所形成的各种思想文化的凝练和升华，集中体现了中国特色社会主义文化植根于中国特色社会主义的伟大实践，是在中国特色社会主义的伟大实践中，不断探索、不断开创、不断总结和建构的，只有深深扎根于中国特色社会主义的伟大实践中，在实践中产生，在实践中发展，在实践中进一步接受检验，只有建立在社会实践基础上的中国特色社会主义文化，才能深度发展，不断创造新的辉煌。

如今，我们探究中国特色社会主义文化的内涵，要继承和发扬历代国家领导人对中国特色社会主义文化建设的探索，紧紧围绕新时代习近平总书记对中国特色社会主义文化内涵的全面而深刻的概括，理解、把握和诠释中国特色社会主义文化的科学内涵，并以此为核心，进一步推进中国特色社会主义文化建设向纵深方向发展。

（二）中国特色社会主义文化的地位与作用

中国特色社会主义文化深邃的科学内涵，决定了其在中国特色社会主义建设历程中发挥着十分重要的作用，对中国特色社会主义事业的伟大实践将产生十分深远的影响。

1. 中国特色社会主义文化是我国综合国力的重要体现

综合国力是一个国家所拥有的全部实力的总和，不仅包含着经济、军事、人口等硬实力，而且越来越体现在思想、文化、理念等软实力上。随着国际竞争日趋激烈，随着人类社会不断从低级向高级迈进，思想文化等软性的、柔性的、主观性的能力、水平、素质，更加体现了一个国家、社会、民族的实力。可以肯定的是，文化软实力越来越成为国家综合实力建构的重要因素。

文化软实力说明了文化在综合国力中的重要作用和普遍意义，而文化的社会属性和内涵更能突出文化的重要地位和巨大作用。人类社会发展至今，不同的社会制度造就了众多的文化形态、文化模式，并各自具有独特特征和属性。就现阶段而言，从人类社会形态发展规律的角度看，无疑是社会主义社会及其文化更具有科学性、先进性，预示着人类通向共产主义社会的可能道路。因此，中国特色社会主义文化的社会主义本质属性，具有中国特色、民族气派的深层规定性和特征的科学内涵，决定了其在文化软实力中的核心地位和关键作用，是我国综合国力的重要组成部分。

习近平总书记指出："文化软实力集中体现了一个国家基于文化而具有的凝聚力和生命力，以及由此产生的吸引力和影响力。古往今来，任何一个国家的发展进程，既是经济总量、军事力量等硬实力提高的进程，也是价值观念、思想文化等软实力提高的进程。"① "提高国家文化软实力，不仅关系我国在世界文化格局中的定位，而且关系我国国际地位和国际影响力，关系'两个一百年'奋斗目标和中华民族伟大复兴中国梦的实现。"

可以看出，中国特色社会主义文化作为我国文化软实力的重要支撑，在我国综合国力提升的过程中，在整个世界范围内的影响和作用上，都具有十分重要的地位。更进一步说，文化是整个国家综合建设

①中共中央文献研究室：《习近平关于社会主义文化建设论述摘编》，中央文献出版社，2017，第198页。

的"润滑剂"，对整个国家建设各方面都是一种烘托、引导、塑造，会更加促进国家各方面建设的顺利展开。没有文化的先行，没有对文化的充分认识，国家各方面实体性的建设和发展是不可能顺利展开的。所以，中国特色社会主义文化是我国综合国力建构的重要组成部分，发挥着十分重大的作用。

2. 中国特色社会主义文化是推动中国特色社会主义事业的重要动力

中国特色社会主义文化对中国特色社会主义事业的发展提供强有力的动力支持。中国特色社会主义文化源于中国特色社会主义事业，是中国特色社会主义事业在全体中国人民心目中的反映，对中国特色社会主义事业的健康发展有着重大指导作用，是保证中国特色社会主义各方面建设和发展的重要推动力量。

中国特色社会主义文化作为反映新时代中国特色社会主义建设和发展的文化样式，具有高度的凝聚力和向心力，能够从文化的高度上使广大人民群众凝聚到中国特色社会主义事业的建设和发展实践中。中国特色社会主义文化以独特的文化内容、内在的价值观念、崭新的道德规范等，通过各种形式、途径影响着当代中国人民的思维方式、价值诉求、理想目标等，最终汇合形成如恩格斯所言的"力的平行四边形"，即社会历史发展的综合性结果，最终的落脚点是推进中国特色社会主义事业的前进和发展。中国特色社会主义文化是中国特色社会主义事业建设和发展的灵魂和动力，从整体上为经济、政治、社会、生态等的建设提供思想准备、智力支持和精神动力，为破解各种建设难题和深化改革奠定思想文化的基础。就此而言，中国特色社会主义文化奠定了中国特色社会主义事业发展的思想文化基础，对中国社会主义国家现代化建设有利，也对中国谋求国际地位、构建新型国家关系有利。

中国特色社会主义文化体现新时代的中国精神，反映着中国人民的价值取向，凝聚着中华民族奋斗发展的精神气质，在国际上体现中国的国家话语权。改革开放以来中国特色社会主义建设成就举世瞩目，但相应的国际地位、国家话语体系等建构相对滞后，影响着我国文化建设的进一步发展。之所以发生这样的情况，其中一个原因就是中国特色社会主义文化未能真正实现“走出去”，没有被更加广泛地理解和接受。为此，首先要推进和深化中国特色社会主义文化建设，积极促进中国特色社会主义文化被世界各国人民认识、理解直至接受和认同，建构起新型的国际话语权体系，营造有利于中国特色社会主义事业发展的国际环境。所以，习近平总书记指出：“人民有信仰，民族有希望，国家有力量。实现中华民族伟大复兴的中国梦，物质财富要极大丰富，精神财富也要极大丰富。我们要继续锲而不舍、一以贯之抓好社会主义精神文明建设，为全国各族人民不断前进提供坚强的思想保证、强大的精神力量、丰润的道德滋养。”[①]中国特色社会主义文化通过塑造和提升人们的思想精神，进而成为人们行动的动力，最终推动中国特色社会主义事业的前进和发展。

（三）中国特色社会主义文化的发展方向

中国特色社会主义文化不仅来源于中国优秀传统文化，反映我国

①习近平：《习近平谈治国理政》（第二卷），外文出版社，2017，第323页。

现实和中国特色社会主义的伟大实践，更为重要的是，中国特色社会主义文化是面向未来的，其指向是要为未来开辟方向，从未来发展的角度来启迪、带动、导引广大人民群众的思想和行为。其实，文化的形成，一个十分重要的作用就是要为未来开辟方向，即究竟应该朝着哪个方向迈进，应该树立什么样的追求目标，进而为人们提供思想认识上的有效支撑。方向问题是至关重要的问题，方向不对，必然满盘皆输。中国特色社会主义文化建设，必须要明确未来发展的方向。

当然，中国特色社会主义文化的发展方向，有着许多的价值维度，比如，为人民服务，为社会主义建设服务，为提升人的精神境界服务，为塑造时代新人服务，等等，这些都是中国特色社会主义文化十分重要的方向选择，或者说是基本的方向选择。在不同的历史时期，中国特色社会主义文化作出了不同的方向选择。比如，在革命战争年代，其根本的方向就是取得革命战争的胜利，缔造新中国，实现中华民族的独立和解放。在我国进入中国特色社会主义飞速发展的时代背景下，中国特色社会主义文化的发展方向，就是要实现中华民族伟大复兴的中国梦。正如党的十九大报告所总结的那样："不忘初心，牢记使命，高举中国特色社会主义伟大旗帜，决胜全面建成小康社会，夺取新时代中国特色社会主义伟大胜利，为实现中华民族伟大复兴的中国梦不懈奋斗。"[①]这是党中央为新时代中国社会发展所确定的根本主题与发展方向，也决定了中国特色社会主义文化要紧紧围绕这一时代主题，朝着为实现中华民族伟大复兴的中国梦的方向而不懈

①习近平：《决胜全面建成小康社会 夺取新时代中国特色社会主义伟大胜利——在中国共产党第十九次全国代表大会上的报告》，人民出版社，2017，第1页。

努力。

其实，中国特色社会主义文化的最终发展方向，还是要落实和直指未来的共产主义社会。社会主义社会是共产主义社会的初级阶段，相应的社会主义文化也应当是共产主义社会文化的初级阶段或前期准备。建设和发展中国特色社会主义及其文化，不仅是为现阶段实现中华民族伟大复兴的中国梦，更应该立足当前、展望未来，朝着共产主义社会及其文化的生成和发展而进行建设。因为共产主义社会是远大目标和宏伟蓝图，没有社会主义阶段的必要准备，是不足以实现和获得的。因此，今天我们进行中国特色社会主义文化建设，最实质、最根本的发展方向理应直指共产主义社会及其文化。共产主义社会是中国特色社会主义文化发展的终极目标，是最具有长远规划的方向。

（四）中国特色社会主义文化的发展目的

中国特色社会主义文化的发展目的是多重的，可以具体体现在许多方面，如，提高人们的思想文化水准，塑造整个社会的精神文明，为经济社会的发展注入精神力量，涵育人们共同的价值取向，等等。可以说，中国特色社会主义文化的发展目的是多维的，是一个包含多元目的的科学体系。

中国特色社会主义文化的发展目的，在不同历史阶段体现为不同的目的追求。革命战争年代，主要是迅速提升广大军民、干部、群众对革命战争的深刻认识，形成对实现中国社会独立解放目标的共识，进而取得革命战争的胜利。如今，中国特色社会主义事业进入了崭新的新时代，意味着中国特色社会主义文化也要适应新的时代背景，提出更为崭新的发展目的。我们可以从党的十九大报告中得出具有标志意义的中国特色社会主义文化的发展目的，那就是："坚定文化自信，推动社会主义文化繁荣兴盛。"[①]可以肯定，推动中国特色社会主义文化的繁荣与兴盛，建设社会主义文化强国，构成目前中国特色社会主义文化最直接也是最重大的发展目的。而且通过对中国特色社会主义文化的充分自信，进一步推动中国特色社会主义文化的繁荣与兴盛。

习近平总书记提出的对中国特色社会主义文化充分自信，推动中国特色社会主义文化的繁荣与兴盛，这里深深体现了以人为本的价值理念，也深深体现了文化的最终目的：影响人、塑造人、提升人、建构人。文化，最为重要的目的是通过文化所蕴含的思想、精神、理念、规范，使人们能够形成统一的文化环境，共同的文化生活准则，形成一个文化生活的共同体。那么，中国特色社会主义文化的发展目的，追求文化自信，达到文化的繁荣与兴盛，最终有利于我国全体社会成员，有利于中华民族，在新的历史时代形成更为凝聚、更为富有吸引力的文化系统。这里，潜在的意义是：因为经历近现代发展的曲折，中国社会的文化虽然没有断流，但毕竟在西方资本主义文化的强势冲击下显得"不堪重负"，或者说在很多方面确实落后了，存在着许多不足。因此，在新时代背景下，有必要在我国社会各方面建设取得巨大成绩的基础上，进一步繁荣和发展中国特色社会主义文化，不能在文化上形成崇洋媚外的格局，而是要对属于并体现国家、民族特

①习近平：《决胜全面建成小康社会 夺取新时代中国特色社会主义伟大胜利——在中国共产党第十九次全国代表大会上的报告》，人民出版社，2017，第40页。

征的，特别是彰显新时代中华民族欣欣向荣、不断实现伟大复兴中国梦的中国特色社会主义文化充分自信。所以，中国特色社会主义文化的发展目的，是要在繁荣与发展的目标取向上，充分自信，以人为本，形成崭新的中国特色社会主义文化的发展目标。

（五）中国特色社会主义文化的发展动力

按照马克思主义辩证唯物主义和历史唯物主义的观点，任何事物的发展动力都源于矛盾，都是在矛盾的对立统一中不断实现自身的前进与发展的。中国特色社会主义文化的发展动力，一方面源于与中国特色社会主义文化密切相关的领域，优化结构形成“历史合力”促进整体协调发展；另一方面源于中国特色社会主义文化自身所面对的主要问题，在妥善解决问题和矛盾的过程中获得发展动力。

中国特色社会主义文化根植于中国特色社会主义经济建设，没有经济建设取得的巨大成就，不奠定坚实的经济基础，中国特色社会主义文化就会成为空中楼阁，失去根基。所以，推动中国特色社会主义文化发展的根本动力是经济基础。马克思指出：“我们自己创造着我们的历史，但是第一，我们是在十分确定的前提和条件下创造的。其中经济的前提和条件归根到底是决定性的。”[①]所以，经济建设是中国特色社会主义文化发展最根本的推动力，是最深厚的根源。这符合马克思主义唯物史观关于生产力是社会发展决定力量的原理，也符合经济基础决定上层建筑的原理。事实证明，没有改革开放40年我国社会

①《马克思恩格斯文集》（第十卷），人民出版社，2009，第592页。

所取得的巨大的经济成就，综合国力不显著提升，是不可能带来中国特色社会主义文化的繁荣与发展的，人们也不可能对中国特色社会主义文化予以认可和充满自信。

在经济基础起决定作用的基础上，上层建筑本身也是推动中国特色社会主义文化发展的重要力量。社会的“上层建筑一出现，就成为极大的积极力量，积极促进自己基础的形成和巩固”[①]。中国特色社会主义的政治和思想上层建筑，尤其是政治上层建筑中的中国共产党的领导，是推动中国特色社会主义文化前进发展的重要核心力量。中国特色社会主义文化之所以是中国特色社会主义性质和特征的文化，主要在于我国有中国特色社会主义的属性和中国共产党的领导，没有中国共产党的坚强领导，是不可能带来中国特色社会主义文化的繁荣和发展的。

中国特色社会主义文化的繁荣和发展与我国社会整体的大环境、中国传统的思想文化，以及世界其他国家的思想文化，都有着紧密的关联。这些方面，也会构成制约和影响中国特色社会主义文化发展的不可忽略的重要因素。这些方面如果能够有效运用，营造良好的氛围，就会积极推动中国特色社会主义文化的建设和发展。但是，如果运用不好也可能出现阻碍中国特色社会主义文化建设和发展的局面。

中国特色社会主义文化对于自身所面对的主要问题的深刻认识和有效破解，是推动中国特色社会主义文化前进和发展的根本推动力量，属于内部因素。习近平总书记在谈到中国哲学社会科学发展的动力时指

①《斯大林文集》，人民出版社，1985，第548页。

出："坚持问题导向是马克思主义的鲜明特点。问题是创新的起点，也是创新的动力源。只有聆听时代的声音，回应时代的呼唤，认真研究解决重大而紧迫的问题，才能真正把握历史脉络，找到发展规律，推动理论创新。"①所以，中国特色社会主义文化发展的推动力量，最为主要的，是要看到自身所面对的主要问题，以及对这些问题的破解。

目前，中国特色社会主义文化的建设和发展，从整体上来看，是沿着正确的方向、正确的道路前进的。但是，仍然不同程度存在不能满足中国特色社会主义事业建设和发展的需求，不能最大限度满足广大人民群众对精神文化的追求等诸多问题，在一些方面还有待改善，还不能以最新的形式、最好的作品、最佳的途径，满足我国社会建设各方面的需求，尤其需要解决和实现人民群众的精神需求。可见，中国特色社会主义文化要想向纵深发展，要有极强的敏感性，及时理清中国特色社会主义文化外部的不利因素，认清中国特色社会主义文化自身的主要问题；要果断对自身所出现的各种症结予以破解，进行深度创新，在各种问题、矛盾中，特别是对问题、矛盾的破解中，去有效推动中国特色社会主义文化的建设与发展。

二、中国特色社会主义文化的本质特征

中国特色社会主义文化既继承了中国特色社会主义文化发展历史

①中共中央文献研究室：《习近平关于社会主义文化建设论述摘编》，中央文献出版社，2017，第80页。

的优秀的传统基因，也具有新时代崭新的维度与特征，有必要全面解读和深刻总结新时代中国特色社会主义文化的深层规定性和显著的特征，并以此为基础，更加深刻地把握和推进中国特色社会主义文化的建设。

（一）中国特色社会主义文化具有民族性

中国特色社会主义文化的本质特征具有民族性，主要是指中国特色社会主义文化是积淀在中国传统思想文化基础之上的，是对中国优秀传统文化的继承和发扬。另一方面，中国特色社会主义文化民族性特征更为深层的内涵是：中国特色社会主义文化是属于中华民族的文化，是中华民族历经从古代到现代的艰难曲折，自己作出的正确的选择。这种选择是结合时代特征、国情，是在继承中国优秀传统文化基础上的创造和凝练。中国社会发展到今天，唯有中国特色社会主义文化，而不是什么其他形式的文化，能够成为标识中华民族自身独特特征的文化，也是中华民族能够安身立命的文化。这是中国特色社会主义文化具有民族性的更为实质性的内涵。

中国特色社会主义文化首要的是对中国优秀传统文化的继承和发扬。其实，任何一种思想文化都不是无源之水、无根之木，都是对以往思想文化的一种继承和发扬，或者说，不以以往思想文化为根基，不充分运用以往思想文化的优秀基因，这种思想文化是发展不好的。文化本身，就是人们在漫长的生产生活中的一种历史性的积淀，是人们对各种对象性事物的一种长时间的深刻的理性认识。文化一旦形成，就不可避免地生成现实的力量和既成的对象，日益成为人们一定的生活方式、风俗习惯，人们就会不自觉地生活在一定的文化体系之中，也会不自觉地遵循一定文化氛围所蕴含的准则规范、道德约束等。因此，文化本身具有十分厚重的历史性和惯常性，它必然以各种观念、规范、准则、信念等遗留下来、传递下去，是不可能被轻易改变和抹掉的。

中国传统文化历经几千年的积淀，已经深深地注入每一个中国人的骨髓里、血脉中，成为每一个中华民族成员内在的思想文化基因和民族个性。就是说“一个民族不能失去民族的个性，或者说不能失掉民族的自我，特别是不能失掉自己的文化传统和思想传统。如果一个民族失掉了这样的个性、特征，那就不可能自立于世界民族之林，那是早晚要被淘汰、被开除的”①。正如习近平所指出的那样：中国传统思想文化“体现着中华民族世世代代在生产生活中形成和传承的世界观、人生观、价值观、审美观等，其中最核心的内容已经成为中华民族最基本的文化基因。这些最基本的文化基因，是中华民族和中国人民在修齐治平、尊时守位、知常达变、开物成务、建功立业过程中逐渐形成的有别于其他民族的独特标识”②。中国特色社会主义文化必然不可脱离中国传统的思想文化，必然要立足于中国传统的思想文化，要以传统思想文化中的优秀成分，涵育、支撑、推动中国特色社会主义文化的繁荣和发展。习近平总书记深刻指出：“不忘历史才能开辟未来，善于继承才能善于创新。优秀传统文化是一个国家、一个民族

①高清海：《找回失去的“哲学自我”：哲学创新的生命本性》，北京师范大学出版社，2004，第397页。

②习近平：《在纪念孔子诞辰2565周年国际学术研讨会暨国际儒学联合会第五届会员大会开幕会上的讲话》，人民出版社，2014，第12页。

传承和发展的根本，如果丢掉了，就割断了精神命脉。我们要善于把弘扬优秀传统文化和发展现实文化有机统一起来，紧密结合起来，在继承中发展，在发展中继承。”①

中国特色社会主义文化以中国优秀传统思想文化为根基和资源。中国特色社会主义文化包含了中国优秀传统思想文化，即这里是要对中国传统思想文化进行批判继承的，不是任何的传统思想文化都是中国特色社会主义文化的资源和基础，对于一些糟粕文化、不合时宜的文化，特别是腐朽的、落后的传统思想文化、落后的历史传统，马克思认为是“一种巨大的阻力，是历史的惰性力，但是它是消极的，所以一定要被摧毁”②，因此一定是要予以取缔和破除的，而不是要对所有的传统思想文化都予以继承和发扬的。中国特色社会主义文化的发展，着重吸取和弘扬的是中国优秀传统文化。这里，也就意味着中国特色社会主义文化的发展，一方面是吸收、发扬中国优秀的传统思想文化，留存中华民族文化血脉和独特基因；另一方面，既然笼统的传统文化不能成为中华民族目前的文化身份、文化标识，那么，就必然要形成面向目前以及面向未来的中华民族应该选择和建构的属于自己的独特的文化样态。很显然，这个新的和独特的文化样态就是中国特色社会主义文化。

中国特色社会主义文化是目前中华民族所选择、所建构、所信仰的属于自己独特特征的文化，是有着非常深厚的历史渊源和现实基础的。从历史角度来看，在中国近代历史发展的变迁中，中国传统文

①习近平：《习近平谈治国理政》（第二卷），外文出版社，2017，第313页。

②《马克思恩格斯选集》（第三卷），人民出版社，1995，第717页。

化，尤其是反映封建统治阶级的思想文化，确实不能指导中国社会的前进和发展，不能维系中华民族的独立，也不可能指导中国革命的成功，更不可能达到中国社会的独立和解放的目的。因此，笼统的或者说落后的中国传统思想文化，不能成为中华民族选择和信仰的思想文化。在中国近代历史发展进程中，也有民族资产阶级和许多文化界的有识之士，主张全盘西化或中体西用，用西方资本主义的思想文化去指导中国社会的独立和解放。残酷的历史事实证明，西方资本主义的思想文化也不能指导中国社会的独立和解放。即便是我们曾经照抄照搬的苏联的高度集中的社会主义思想文化，在苏联解体、东欧剧变的格局下，事实证明，也不能成为中国社会、中国人民、中华民族所赖以相信和认可的思想文化。中国人民在中国共产党的领导下，在历史的反复检验和吸取经验教训的基础上，结合中国社会独特的国情和实际状况，果断构建了中国特色社会主义文化体系。中国特色社会主义文化是在历史的反复对比和检验中，唯一正确和值得中华民族选择的思想文化，是被历史所确证的客观事实和正确的道路，也是中华民族所作出的正确的历史抉择。

从现实角度来看，中国特色社会主义文化是对中国特色社会主义建设客观的、真实的、全面的反映，是最切合中国国情、最能反映中国社会目前实际状况的思想文化。历史终究是历史，历史最为重要的是在批判继承以往的基础上，注重现实，展望未来。在当代中国社会，既不能复辟，走传统的老路，也不能盲目照抄照搬西方资本主义道路，只能走有中国特色的社会主义道路。中国特色社会主义道路是最切合中国国情，最能反映中国实际，实质上是最能反映中国人民、中华民族根本利益和根本需求的道路。建立在中国特色社会主义道路、制度、理论基础之上的中国特色社会主义文化，鲜明地反映了中国特色社会主义的性质和属性，是中国特色社会主义伟大建设事业的真实写照和全面反映，最能体现中华民族最深层的精神需求和理想信念。所以，中国特色社会主义文化就成为中华民族唯一正确的选择，成为中华民族目前所相信、所认可、所信仰的唯一正确的思想文化。据此，中国特色社会主义文化成为当前中国社会、中国人民、中华民族自己所独有的、能够鲜明代表自己的思想文化。

（二）中国特色社会主义文化具有时代性

中国特色社会主义文化具有时代性，从中国特色社会主义文化所具有的民族性，我们可以推导出来，即中国特色社会主义文化着重要反映的是当今世界和当代中国社会的时代状况，不仅仅是吸收优秀传统的思想文化，更为重要的是注重现实，展望未来。这也就意味着中国特色社会主义文化具有鲜明的时代性，反映目前中国社会的时代特征，切合中国社会的时代需要，真正为当今中国特色社会主义事业作强有力的精神支撑。

中国特色社会主义文化具有时代性，非常切合习近平新时代中国特色社会主义思想，是对新时代中国特色社会主义思想的有效呼应。这里蕴含着中国特色社会主义文化所具有的时代性，实质上是对中国特色社会主义进入到新时代的更为切合的反映。中国特色社会主义文化的时代性，是对全新时代作出的更为全面、深刻、客观的总结和概括，要反映新时代的整体面貌，要为新时代广大人民群众提供有效的文化供给。这不仅是中国特色社会主义文化所具有的特征，也是中国特色社会主义文化必须要回答的时代之问。

习近平总书记在十九大报告中，对我国经过长期努力，进入到中国特色社会主义新时代，我国社会发展新的历史方位，作了全面的概述。他指出："这个新时代，是承前启后、继往开来、在新的历史条件下继续夺取中国特色社会主义伟大胜利的时代，是决胜全面建成小康社会、进而全面建设社会主义现代化强国的时代，是全国各族人民团结奋斗、不断创造美好生活、逐步实现全体人民共同富裕的时代，是全体中华儿女勠力同心、奋力实现中华民族伟大复兴中国梦的时代，是我国日益走进世界舞台中央、不断为人类作出更大贡献的时代。"①这就是说，新时代不仅对中国特色社会主义提出了新要求，也对中国特色社会主义文化提出了更高的标准和要求。

"新时代之'新'，首先在于我们进入了一个新的发展阶段，发展环境、发展条件都发生了新的变化，目标任务也发生了新的变化，已经从'未发展起来'时期进入到'发展起来以后'时期。新时代之'新'，在于我们面临着新的社会主要矛盾，也就是党的十九大所指出的我国社会主要矛盾已经转化为人民日益增长的美好生活需要和不平衡不充分的发展之间的矛盾，这深刻揭示了当前我国发展状况和人民生活状况的时代特点，对党和国家各方面工作都提出了新的要求。新时代之'新'，还在于我们迈向新的奋斗目标，中华民族迎来了从站起来、富起来到强起来的伟大飞跃，即将全面建成小康社会、踏上

①习近平：《决胜全面建成小康社会　夺取新时代中国特色社会主义伟大胜利——在中国共产党第十九次全国代表大会上的报告》，人民出版社，2017，第10—11页。

全面建设社会主义现代化国家的新征程，我们比历史上任何时期都更接近、更有信心和能力实现中华民族伟大复兴的目标。"①习近平新时代中国特色社会主义思想，就是在这个伟大时代中孕育而生的，是在当代中国新的实践发展中顺势而成的。这也就意味着中国特色社会主义文化要紧密关注我国新时代的各种新变化，反映新时代的新需求，成为新时代的最强音。

中国特色社会主义文化具有时代性，总体来看，就是对我国进入新时代所提出的新的时代之问的回应和解答。既然我国进入到了新时代，那么这个新时代必然要关注的主题就是中国特色社会主义这艘巨大的航船，究竟应该向何处远航的问题。新时代中国特色社会主义的实质到底是什么？新时代中国特色社会主义到底应该向何处去？这个时代之问是一个总体之问、根本之问、长远之问，也就是作为新时代中国特色社会主义在思想文化领域的新展现：中国特色社会主义文化必然要关注这样的时代之问，而且要从文化的角度和意义上予以探究、认识、解析和回答这个时代之问。这是新时代中国特色社会主义文化的必然使命，也是重要的职责。所以，中国特色社会主义文化的时代性是当前和未来发展必然要关注的主题。

（三）中国特色社会主义文化具有先进性

中国特色社会主义文化要具有时代性，反映新时代的根本要求和发展趋势，这里也就蕴含着中国特色社会主义文化要与时俱进，紧跟

①中共中央宣传部编《习近平新时代中国特色社会主义思想三十讲》，学习出版社，2018，第2页。

时代步伐，反映时代变化，实质就是要求中国特色社会主义文化要具有先进性。

所谓中国特色社会主义文化要具有先进性，就是中国特色社会主义文化要始终处于建设和发展之中，内在的实质是不仅要深度破解当代中国社会所面对的各种问题，而且要以文化的形式、样态走在时代的前沿，具有引导、指导和规范的作用。一种思想文化，如果是趋于腐朽、倒退、没落的，那么，它就必然会被历史所淘汰。反之，如果一种思想文化始终能够紧跟时代步伐，反映时代心声，总是立足于时代的潮头，那么，它就会始终富有生机和活力。但是我们也要看到，一定的文化自身是具有一定的独立性、稳定性和惯常性的。它一旦形成，就会在相当广阔的范围内和相当长的时间内，发挥广泛而深刻的影响。如，中国传统思想文化，就走过形成、发展、辉煌以及衰败、没落的阶段。这个过程走过了几千年的岁月，具有十分坚固的稳定性和惯常性，而这种稳定性和惯常性也会在某种程度上推动社会历史的前进和发展，它必然会成为我们建设当代中国特色社会主义文化的重要借鉴。中国特色社会主义文化建设是一个长远的、持久的、全面的发展战略，在发挥中国特色社会主义文化具有的批判性、革命性、科学性等的基础上建构本质的先进性，不断破解阻碍发展的种种困难，披荆斩棘地走出自己的文化发展之路。

中国特色社会主义文化的诞生、形成和发展，要想始终处于先进的地位，要想始终富有生机和活力，就必须保持自身不断的变革、创新，适应新时代的变化，走在时代的前沿，而不是一味地固守某一特定阶段所提出来的特定的文化观点。总结经验，总结历史，我们在建设中国特色社会主义文化的过程中，一个十分重要的特征和要点就是，要使中国特色社会主义文化不落后，避免带来负面的效应，就必须始终保持中国特色社会主义文化的先进性，只有始终保持中国特色社会主义文化的先进性，才能够真正引导中国特色社会主义事业的前进和发展。习近平总书记指出："在五千多年文明发展中孕育的中华优秀传统文化，在党和人民伟大斗争中孕育的革命文化和社会主义先进文化，积淀着中华民族最深沉的精神追求，代表着中华民族独特的精神标识。我们要大力弘扬以爱国主义为核心的民族精神和以改革创新为核心的时代精神，大力弘扬中华优秀传统文化，大力发展社会主义先进文化，不断增强全党全国各族人民的精神力量。"[①]这意味着在当代，具有先进性质的中国特色社会主义文化，主要体现在中国传统文化中的优秀文化、党和人民伟大斗争中所孕育的革命文化、反映当前我国建设和发展的社会主义先进文化，以及这些文化所内蕴的以爱国主义为核心的民族精神和以改革创新为核心的时代精神。这些文化内容具有先进性，是主流的和根本的，是代表中国社会未来发展趋势的。

在具体建设和发展中国特色社会主义文化的先进性上，习近平总书记特别指出："要坚持社会主义先进文化前进方向，用社会主义核心价值观凝聚共识、汇聚力量，用优秀文化产品振奋人心、鼓舞士气，用中华优秀传统文化为人民提供丰润的道德滋养，提高精神文明

①中共中央文献研究室：《习近平关于社会主义文化建设论述摘编》，中央文献出版社，2017，第15页。

建设水平。”[1]这深刻体现了只有中国特色社会主义的先进文化，才能够真正发挥出实际的效用，才能真实提升广大人民群众的思想文化水准。其实，文化建设重在其先进性，只有具备了先进性，文化才富有内涵，才具有魅力，人们也愿意接受、相信直至信仰这种思想文化。反过来，文化建设发展滞后，拿不出非常优秀和先进的文化成果，反映不了人们心底最深层的需求，不能够提升人们的思想境界，那么这样的文化从长远的角度来看，必然会被人们所抛弃，会被淹没在历史的垃圾堆之中。当前，我国有中国特色社会主义文化的建设主流是好的，在许多方面具有先进性，但值得注意的是，还有许多方面不完善，还存在着许多不足，“假大空”的局面和特征还没有得到彻底改变，或者说还缺乏创意，没有更为新鲜和灵活的表达方式，更是缺乏伟大和深层的思想内涵。这些方面的问题和不足，都制约了中国特色社会主义文化的先进性，导致许多人将中国特色社会主义文化束之高阁，反倒是对世俗的、流行的、低俗的文化非常热衷，甚至对其予以相信和信仰。这是非常可怕的客观事实。

这里内在的逻辑就是，如果中国特色社会主义文化不能在广泛的领域，不能在最深的层次和高度上具有先进性，不仅整个、根本、长远具有先进性，而且不同侧面、不同角度、具体细节上也要具有先进性，否则，那些落后的、腐朽的、低俗的文化就会乘虚而入，就会迅速占领社会、思想各个领域。因此，中国特色社会主义文化的先进性要始终与各种敌对文化、各种腐朽没落的文化作坚决的斗争。一方

①中共中央文献研究室：《习近平关于社会主义文化建设论述摘编》，中央文献出版社，2017，第12页。

面，要有力揭示各种腐朽没落文化的真面目，揭示其落后的本质，正本清源；另一方面，要正视中国特色社会主义文化各方面的不足，不断进行改革和创新，只有将中国特色社会主义文化自身建设得无比强大，真正具有生机和活力，真正具有先进性，才能够最终赢得广大人民群众的认可和信赖。对此，习近平总书记指出："要增强文化自信，在传承中华优秀传统文化基础上发展社会主义先进文化，加快建设社会主义文化强国。"[①]这是中国特色社会主义文化先进性的根本指向和重要体现。

（四）中国特色社会主义文化具有开放性

中国特色社会主义文化具有民族性，同时也就意味着具有世界性，因为只有民族的，才是世界的。没有属于中华民族自己的文化，也就不能与其他国家、其他民族进行相互交流。中国特色社会主义文化具有时代性，也具有世界性，因为，当今时代是一个全球化的时代，你中有我，我中有你，整个世界日益变为一个地球村。中国特色社会主义文化所具有的时代性，决定了它必然要面向世界、走向世界的。中国特色社会主义文化具有先进性，意味着中国特色社会主义文化一定是开放交流的，注意吸收其他国家、其他民族优秀的思想文化，而不是封闭起来，自我发展。只有这样，在文化的交流、互鉴中才能真正推动中国特色社会主义文化的先进性建设。综合上述分析，中国特色社会主义文化在新时代，开放性是最为典型的一个特征。

---

①中共中央文献研究室：《习近平关于社会主义文化建设论述摘编》，中央文献出版社，2017，第18页。

如今，中国社会正在加快对外开放的步伐，无论是“一带一路”建设，还是“人类命运共同体”的提出，都十分注重文化、文明的交流和互鉴，都体现了中国特色社会主义文化的对外开放性。这是历史的必然，也是时代的客观要求。相反，文化的闭关锁国、夜郎自大，自拒于世界发展潮流之外，最终会带来整个国家、社会、民族的文化衰退和落后，甚至是消亡，这又谈何保持文化本身的先进性呢？中国的明清时期统治者的闭关锁国政策，就埋下了近现代中国屈辱史和文化危机的病根。“以史为鉴，可以知兴替。”中国特色社会主义文化再也不能走闭关锁国的老路、错路，也不能走偏向全盘西化的邪路、歪路，而应该在保持本我的基础上，继续施行文化的“引进来”和“走出去”，以开放包容的态度汲取世界各个国家文明的有益成果。就如毛泽东所指出的那样：“我们决不可拒绝继承和借鉴古人和外国人，哪怕是封建阶级和资产阶级的东西。”[①]因此，习近平总书记提出的“一带一路”倡议和“人类命运共同体”理念，深刻体现了中国特色社会主义文化的开放性特征，顺应了民族文化全球化和全球文化民族化的发展大趋势。

习近平总书记在《推进“一带一路”建设，努力拓展改革发展新空间》一文中指出：“人文交流合作也是‘一带一路’建设的重要内容。真正建成‘一带一路’，必须在沿线国家民众中形成一个相互欣赏、相互理解、相互尊重的人文格局。民心相通是‘一带一路’建设的重要内容，也是‘一带一路’建设的人文基础。要坚持经济合作和

①《毛泽东选集》（第三卷），人民出版社，1991，第860页。

人文交流共同推进，注重在人文领域精耕细作，尊重各国人民文化历史、风俗习惯，加强同沿线国家人民的友好往来，为‘一带一路’建设打下广泛社会基础。”[①]构建“一带一路”，不仅仅应该是经济、政治、社会等的交往，更应该是人文思想的交流和互鉴，凝聚共识，进而牢固广泛的社会基础。进一步说，中国特色社会主义文化必须“走出去”，在与“一带一路”经济带沿途各国乃至世界其他国家的文化交流、借鉴中，一方面可以夯实“一带一路”合作的各方面基础，另一方面可以不断扩大中国特色社会主义文化的影响，最终有力推动中国特色社会主义事业的建设和发展。

习近平总书记在《共同构建人类命运共同体》一文中指出：要“坚持交流互鉴，建设一个开放包容的世界。‘和羹之美，在于合异。’人类文明多样性是世界的基本特征，也是人类进步的源泉。世界上有200多个国家和地区、2500多个民族、多种宗教。不同历史和国情，不同民族和习俗，孕育了不同文明，使世界更加丰富多彩。文明没有高下、优劣之分，只有特色、地域之别。文明差异不应该成为世界冲突的根源，而应该成为人类文明进步的动力。每种文明都有其独特魅力和深厚底蕴，都是人类的精神瑰宝。不同文明要取长补短、共同进步，让文明交流互鉴成为推动人类社会进步的动力、维护世界和平的纽带。”[②]从一定意义上来说，“共同构建人类命运共同体”的思想文化主张，是中国特色社会主义社会，更准确地说是中国特色社会主义文化的重要成果和成就。“人类命运共同体”区别于以往的西方

①习近平：《习近平谈治国理政》（第二卷），外文出版社，2017，第502页。
②习近平：《习近平谈治国理政》（第二卷），外文出版社，2017，第543—544页。

文化霸权主义，以中国的责任和担当，结合中国特色社会主义文化的开放性特征，对人类社会未来的国家、民族之间的交往，提出了新的方法、新的形式、新的途径。这里面，突出了中国特色社会主义文化的前瞻性、先进性、科学性，拥有资本主义文化无法媲美的特质。也即，不管是“一带一路”倡议，还是“构建人类命运共同体”，都深刻地体现出中国特色社会主义文化所具有的全球视野以及对外开放的雄心壮志。

第二章
中国特色社会主义文化的时代价值与现实功能

推动中国特色社会主义文化的大繁荣大发展，是适应时代发展变迁与我国现实需求的重大战略安排，也是中国特色社会主义不可或缺的重要组成部分。同时，中国特色社会主义文化的繁荣和发展，对于中国特色社会主义事业的建设和发展，对于满足人民群众的美好生活需要，对于推进世界社会主义运动等，都具有十分重大的时代价值和现实功能。

一、中国特色社会主义文化的时代价值

当今时代，文化越来越成为民族凝聚力和创造力的重要源泉，越来越成为综合国力竞争的重要因素。兴起新时代社会主义文化建设新高潮，促进中国特色社会主义文化的大繁荣大发展，树立中国特色社会主义文化自信，探索并深入挖掘中国特色社会主义的时代价值，是建设中国特色社会主义长期而紧迫的重大任务。

（一）有利于巩固党的执政地位和增强党的执政能力

中国特色社会主义文化首要的和集中的任务是要体现党的领导，坚决贯彻党的路线、方针和政策，体现党的主张和马克思主义执政党的意识形态，彰显中国特色社会主义社会的基本性质和主体特征，为维护中国共产党的执政地位和增强中国共产党的执政能力，提供强有力的思想文化支撑。

按照历史唯物主义的观点，任何文化都是具有阶级性的，没有超越特定阶级性的纯粹的思想文化。马克思恩格斯指出："统治阶级的思想在每一时代都是占统治地位的思想。这就是说，一个阶级是社会上占统治地位的物质力量，同时也是社会上占统治地位的精神力量。支配着物质生产资料的阶级，同时也支配着精神生产资料，因此，那些没有精神生产资料的人的思想，一般的是隶属于这个阶级的。"[①]这就意味着在阶级社会里，统治阶级由于占有物质生产资料的地位，在财富上支配着被统治阶级，因此，它必然也会成为思想上、意识上、精神上，乃至于整个思想文化上的统治力量，这是符合经济基础决定上层建筑原理的。反过来说，统治阶级是十分重视和愿意运用上层建筑的各种要素，尤其是思想文化方面的精神力量，来维护和加强统治阶级的特殊地位的。因为，思想文化方面的统治相比武力和暴力方面的统治会起到更加显著的效果。从这个视角来看，阶级社会中的思想文化体现着鲜明的阶级性。

中国共产党作为无产阶级的先锋队以及中华民族、中国人民的先

① 《马克思恩格斯选集》（第一卷），人民出版社，1995，第98页。

锋队，作为广大人民群众根本利益的代表，其主导并实施的中国特色社会主义文化是具有鲜明的无产阶级属性和特征的，归根结底是为了维护最广大人民群众的根本利益。中国共产党作为中国特色社会主义的开创者与引领者，其所主导的中国特色社会主义文化，肯定要将维护中国共产党的执政地位和提高中国共产党的执政能力放在首位。通过中国特色社会主义文化维护中国共产党的执政地位和执政能力，实质上就是要全面彰显无产阶级的属性并体现广大人民群众的根本利益。这就决定了中国特色社会主义文化和以往的阶级社会里统治阶级所宣扬的思想文化有着本质的不同。在阶级社会，统治阶级所建构和宣扬的思想文化，主要是为了统治阶级一己之私利，集中反映统治阶级的根本利益，甚至为了极端维护统治阶级自身利益，他们所宣扬的思想文化还带有极强的欺骗性、蛊惑性和愚民性。这与中国共产党所领导的中国特色社会主义文化有着本质性的区别。中国共产党领导中国特色社会主义文化建设，没有自己的任何私利，而是纯粹为了广大人民群众的根本利益而实施和展开的。

中国共产党所建构的中国特色社会主义文化，是崭新的无产阶级属性的思想文化，是人民的、科学的、大众的思想文化。中国共产党的执政地位和广大人民群众的根本利益、无产阶级的根本使命，是高度切合、密切联系、水乳交融的血肉关系，即在根本指向上是一致的。所以，中国特色社会主义文化实质是为了满足广大人民群众的根本利益、根本诉求，体现的是鲜明的无产阶级属性和内涵。中国特色社会主义文化虽然表现在道德、法律、哲学、风俗习惯、文明水平、精神面貌等各个方面，但其内核必然是政治属性，一定是要维护核心的政权地位的，要深刻体现核心政治、核心政权的主张和指向。

放眼整个世界，美国对外是通过思想文化等软实力的建设，极大地增强了美国在世界上的影响力，形成了对其他各个国家的制约力、牵制力和渗透力，对内则是维护统治阶级自身政权的稳固。在这样的世界文化格局之下，中国社会要实现和谐稳定，中国人民要生活得幸福安康，中国共产党的执政地位要日益稳固，必然要不断加大中国特色社会主义文化建设的力度。但是，中国的社会主义还处在初级阶段，实现中国特色社会主义文化建设的大繁荣大发展任重而道远，也将面临许多严重的问题和各种风险和考验。针对中国特色社会主义文化建设过程中已经出现或即将出现的各种问题、阻碍，我们一定要积极正面应对，鼓励社会各界拿出积极的、主流的、进步的文化精神和文化作品，以此作为抵御和战胜来自各方的负面思想文化诋毁和挑战的应对手段。

在中国特色社会主义文化建设方面，始终存在着这样一个实质性的问题：在积极推进中国特色社会主义文化建设时，要始终保持高度的警惕性与自觉性。这是因为，一方面，中国特色社会主义文化建设始终面临着各种敌对势力，存在着来自各个方面的误解和误读；另一方面，人们的精神心理层面的文化，其变动性、直接性、易受影响性都是非常强烈的。因此，就需要主流思想文化对来自各方面的挑战保持清醒的认识，同时对所出现的各种问题要予以及时的回应与解答，以凸显自身的主导地位。也就是说，主流思想文化虽然需要长期稳定，但并不意味着主流思想文化不需要灵活的、及时的调整、变化来应对各个方面的挑战。如果主流思想文化刻意地求稳定，造成一成不变、因循守旧，对来自各方面的问题和挑战视而不见，那么长此以往，这种主流思想文化一定会被侵蚀、被消解，就十分容易造成文化危机、主流意识形态丢失等严重问题，直接关系着国家、民族和党的生死存亡。

（二）有利于彰显和发挥中国社会主义制度的优越性

中国特色社会主义文化内在核心是有利于巩固党的执政地位和增强党的执政能力，但党的执政地位和执政能力以及由此所带来的党的领导，必然需要一整套的制度体系的架构和支撑。制度体系的构建与完善可以起到确认、保障党的执政地位，支撑党对各项事务的全面领导的作用。而持续推进中国特色社会主义文化建设，有利于彰显和发挥中国特色社会主义各项制度的优越性。制度是由人来制定的，而且制度是相对稳定的，它会在一个相当长的历史时期内，规定、规范、制约着国家各个方面的建设。制度本身强调客观性，这种客观性是对我国社会各方面实际情况的一种正确的、客观的反映，要以符合我国社会的发展规律和发展趋势为出发点。任何一个国家、社会，都需要建构一定的制度。制度本身体现了国家的性质、特征和基本面貌。也正是建立在制度的基础上，才会生成适应这个制度的文化，而适应这个制度的文化，必然也会反作用于制度，并促进这个制度的稳固和发展。因此，中国特色社会主义文化是适应中国特色社会主义制度而产生、形成和建构的。中国特色社会主义文化也一定是要反映中国特色社会主义的各项制度，并集中体现中国特色社会主义制度的优越性。制度的优越性会带动文化的繁荣和发展，文化的繁荣和发展也会彰显和发挥制度的优越性。

中国特色社会主义制度是一个丰富的体系，包括政治制度、经济制度、文化制度、法律制度、生态文明建设制度，等等。但从文化建设的角度来看，中国特色社会主义文化直接受制于中国特色社会主义的文化制度，要充分体现文化制度在这一领域的规范、要求和主旨。中国特色社会主义文化制度是中国特色社会主义文化建设的保障，中国特色社会主义文化建设有助于中国特色社会主义文化制度发挥其优越性。中国特色社会主义文化是对中国特色社会主义各项制度的一个综合反映。需要进一步探究的是，在一个国家的制度体系中，哪个制度更具有关键性、主导性？或者说，哪个制度更具有对其他各项制度的制约和控制作用呢？很明显，这个制度就是政治制度。虽然政治制度归根结底受制于经济制度，但经济制度是通过政治制度来建构和形成的，政治制度在各项制度体系中处于核心的地位，具有最大的影响力和控制力。对此，习近平总书记指出："在一个国家的各项制度中，政治制度处于关键环节。所以，坚定中国特色社会主义制度自信，首先要坚定对中国特色社会主义政治制度的自信，增强走中国特色社会主义政治发展道路的信心和决心。"[1]这意味着中国特色社会主义文化不仅要整体反映中国特色社会主义的制度体系，而且要更集中反映中国特色社会主义的政治制度。中国特色社会主义政治制度处于"关键环节"，对其他各项制度都具有制约作用，可谓"牵一发而动全身"。所以，中国特色社会主义文化要集中彰显和发挥中国特色社

①习近平：《习近平谈治国理政》（第二卷），外文出版社，2017，第288页。

会主义政治制度的优越性。

关于中国特色社会主义政治制度，习近平总书记是这样概括的："中国实行工人阶级领导的、以工农联盟为基础的人民民主专政的国体，实行人民代表大会制度的政体，实行中国共产党领导的多党合作和政治协商制度，实行民族区域自治制度，实行基层民众自治制度，具有鲜明的中国特色。这样一套制度安排，能够有效保证人民享有更加广泛、更加充实的权利和自由，保证人民广泛参加国家治理和社会治理；能够有效调节国家政治关系，发展充满活力的政党关系、民族关系、宗教关系、阶层关系、海内外同胞关系，增强民族凝聚力，形成安定团结的政治局面；能够集中力量办大事，有效促进社会生产力解放和发展，促进现代化建设各项事业，促进人民生活质量和水平不断提高；能够有效维护国家独立自主，有力维护国家主权、安全、发展利益，维护中国人民和中华民族的福祉。"①可以看出，唯有中国特色社会主义的政治制度才能有效保证广大人民群众各方面的生活，才能形成对中国社会各方面建设的有力支撑。我们之所以选择中国特色社会主义政治制度，不仅有历史的原因，而且也有现实的原因，是综合各方面实际情况而选择的适合中国国情的政治制度。历史和现实都证明，中国特色社会主义政治制度有效保证和支撑了中国社会各个方面的建设，包括对中国特色社会主义文化的引导、促进和支撑。所以，中国特色社会主义文化建设一定要着重凸显和发挥中国特色社会主义政治制度的优越性。

---

①习近平：《习近平谈治国理政》（第二卷），外文出版社，2017，第288页。

习近平总书记针对中国特色社会主义政治制度的选择问题指出："世界上不存在完全相同的政治制度，也不存在适用于一切国家的政治制度模式。'物之不齐，物之情也。'各国国情不同，每个国家的政治制度都是独特的，都是由这个国家的人民决定的，都是在这个国家的历史传承、文化传统、经济社会发展的基础上长期发展、渐进改进、内生性演化的结果。中国特色社会主义政治制度之所以行得通、有生命力、有效率，就是因为它是从中国的社会土壤中生长起来的。中国特色社会主义政治制度过去和现在一直生长在中国的社会土壤之中，未来要继续茁壮成长，也必须深深扎根于中国的社会土壤。"①可以看出，中国社会选择中国特色社会主义政治制度，是合乎规律性和目的性的统一，是能够真正推动中国社会前进和发展的先进的政治制度。

中国特色社会主义政治制度的选择和建构，一直受到西方国家的敌视、抨击和诋毁。因为我们所选择和实施的中国特色社会主义政治制度，和西方国家资本主义的政治制度有着鲜明的差异和典型的不同。西方资本主义国家一直认为他们所选择的资本主义政治制度是世界上最先进、最优秀的政治制度，社会主义政治制度肯定是存在着各种问题、各种弊病的，而且终将是要灭亡的。苏联解体、东欧剧变就是鲜明的例证。据此逻辑，他们认为中国特色社会主义的政治制度也会趋于消亡。但是他们错了，在中国特色社会主义政治制度的保障和护航下，中国社会历经改革开放40年的建设和发展，各方面都取得了举世瞩目的成就，这足以证明中国特色社会主义政治制度的独到之

①习近平：《习近平谈治国理政》（第二卷），外文出版社，2017，第286—287页。

处，足以验证中国特色社会主义政治制度的优越性和先进性。而且，更为重要的是，我国社会在经济体制改革的基础上，更加重视政治体制的改革，政治体制改革正如火如荼地开展，并日益适应中国社会各方面建设的需求。未来中国社会的建设和发展，将会在政治体制改革进一步深化的情况下更加深入和持久。所以，中国特色社会主义文化要彰显中国特色社会主义政治制度的优越性，必须通过强化文化的认识功能、塑造功能、信仰功能，以进一步增强广大人民群众对中国特色社会主义政治制度的认识、认可和相信，直至对中国特色社会主义政治制度的自信和信仰。

（三）有利于创造和谐稳定的国际环境

中国特色社会主义文化对内有利于维护党的执政地位，增强党的执政能力，彰显和发挥中国特色社会主义制度的优越性，有利于满足广大人民群众对文化生活的精神需要，提升广大人民群众的思想文化素质。中国特色社会主义文化建设不仅面向国内，而且更要面向世界。对整个国际社会而言，中国特色社会主义文化的传播，有利于为中国特色社会主义事业的建设和发展创造和谐稳定的外部环境。通过中国特色社会主义文化的对外宣传和对外影响，创造良好的外部环境，增强其他国家对中国特色社会主义道路、中国特色社会主义制度、中国特色社会主义理论体系的深刻了解与认识，以提高其他国家对我国社会发展的认可度和支持度，达到消除疑义误解共同进步发展的目的。

当今世界，任何一个国家的建设和发展都不能脱离国际环境的影响，经济全球化已经成为整个人类社会发展的必然趋势，谁都不能逆潮流而动。中国特色社会主义事业的建设和发展，一方面要坚持走出去，加入到全球化的市场体系之中，另一方面也要正确处理好与其他国家之间的各种矛盾、分歧和误解，这就需要大量的协商、谈判、沟通和交流。在这个过程中，中国特色社会主义文化扮演着重要的角色，发挥着重大的作用，起到沟通、交流和化解矛盾的目的。

经济、商品、贸易等实体性的交流，往往是在思想、心理、风俗、习惯等思想文化方面交流基础之上逐步展开的。没有思想文化上的有效沟通、交流和认识，不可能带来经济、物质利益上的互惠互利。当然，经济上的交流也会带动思想文化方面的交流。经济的交流和互利，是思想文化交流的重要载体、重要途径。从思想文化反作用的视角来看，只有首先在思想文化上沟通了、理顺了，消除了误解和分歧，才能为实体性的经济交流奠定良好的思想心理基础。国与国之间、民族与民族之间，如果没有实现在思想文化方面的交流、互动、相信和认可，经济交流中就不可避免地会出现种种障碍，甚至会阻碍经济交流的进一步深化和扩展。

随着我国改革开放的全面深化，综合国力的逐步上升，中国社会的发展日益受到国际社会的广泛关注。事实上，中国经济社会发展的日新月异得益于经济全球化进程，是我们积极加入经济全球化、融入世界发展大势的必然结果。在中国飞速发展的同时，一方面，众多国家通过与中国展开各种形式的合作从中国社会的现代化进程中获益；另一方面，中国社会的发展也对少数国家构成了所谓的威胁，于是，某些国家大肆宣扬“中国威胁论”，这势必给我国发展以及我国与其他国家的友好往来带来负面效果。面对误解与歪曲，我们不仅要从经济、制度、法律、规则等实体层面予以协商和解决，更要从中国特色社会主义文化的角度，进行思想文化方面的相互沟通、相互认识、相互理解。对此，习近平总书记指出：“要精心做好对外宣传工作。随着我国经济社会发展和国际地位的提高，国际社会对中国发展道路和发展模式的理性认识逐步加深，同时对我们的误解也还不少，‘中国威胁论’‘中国崩溃论’等论调不绝于耳。同欧美一些国家受困于金融危机、债务危机相比，同一些发展中国家陷入发展陷阱相比，同西亚北非一些国家政治动荡、社会混乱相比，我国发展可以说是风景这边独好。但是，西方仍然在‘唱衰’中国。国际舆论格局是西强我弱，西方主要媒体左右着世界舆论，我们往往有理说不出，或者说了传不开。这个问题要下大力气加以解决。”[①]从这段论述中我们可以看出，少数西方发达国家不愿意看到中国的快速崛起，不愿意看到中华民族的伟大复兴。关于这一点，我们要有足够清醒的认识。西方国家出于自己利益的考虑，总是会千方百计地采取各种扼杀、遏制中国社会前进和发展的措施，总是要对中国社会的建设和发展使出许多抹黑性的手段。对此，我们要积极予以应对，既要摆事实、说道理，又要向全世界阐释和说明中国社会发展的内在实质、根本趋势、方向目标，澄清中国的发展不是对其他国家的威胁，不是对世界的殖民和侵略，而是共同发展、共同前进、互惠互利、合作共赢。要实现上述目的，就要充分发挥中国特色社会主义文化的对外宣传和对外阐释的功能，依靠文化的力量去感染、去影响，直至去塑造我国在国际社会中

①中共中央文献研究室：《习近平关于社会主义文化建设论述摘编》，中央文献出版社，2017，第197页。

良好的和负责任的大国形象。

总之，中国特色社会主义文化通过对外宣传、阐释和说明，有利于为我国社会发展营造良好的国际环境，创造稳定的发展条件。在经济全球化进一步加深的当今时代，中国特色社会主义文化的“走出去”显得十分重要，这方面的作用会越来越凸显。

（四）有利于为世界社会主义运动提供有效支撑

中国特色社会主义文化的时代价值，从时代变迁的角度来看，对于世界社会主义运动起到重要的支撑作用。这就需要对中国特色社会主义文化的时代价值和发展趋势作出必要的解读。

中国特色社会主义文化是世界社会主义文化运动体系的重要组成部分。毋庸置疑，中国特色社会主义文化自身具有中国特色，是体现中国社会实际状况，反映中国现实国情的文化。但是，中国特色社会主义文化是社会主义性质的文化，这一属性决定它既要体现社会主义运动的基本原则，又要反映整体的社会主义运动的价值取向，体现世界社会主义运动的发展趋势。社会主义是中国特色社会主义文化的内核，是中国特色社会主义文化的重要标志。这就意味着中国特色社会主义文化的时代价值，一方面要体现中国特色社会主义事业的发展状况，另一方面也要体现整个世界社会主义运动的发展状况和根本趋势。

细数世界社会主义运动发展历程，从马克思恩格斯将英法两国空想的社会主义学说转变为科学的社会主义学说开始，历经马克思恩格斯所指导的巴黎公社等起义，列宁建立世界上第一个社会主义国家，直至在苏联领导下建立世界社会主义阵营，再到苏联解体、东欧剧变，世界社会主义运动处于低潮。可以说，整个世界的社会主义运动从产生、发展到高潮后又经历低谷，走过了一条艰难曲折的道路。但是，世界社会主义运动并没有因此而消失，更没有退出历史舞台，而是正在经历着化茧成蝶的蜕变。中国特色社会主义的建设和发展，伴随着世界社会主义运动的艰难历程，也走过了许多弯路，经历了许多挫折，但我们并没有被困难击倒，而是迎难而上、愈挫愈勇。当前，中国经过改革开放40年的建设和发展，社会主义现代化建设取得了举世瞩目的伟大成就，在整个世界范围内是发展得最好的社会主义国家，进而带动了世界无产阶级运动的兴起。其实，这个影响当中的重要内容，其本身就是对世界社会主义运动价值和意义的最好诠释。

世界社会主义运动在历经500余年艰难曲折的发展后，虽然处于低潮，面对种种困难，但始终没有间断，始终在向前发展。这意味着科学社会主义具有强大的生命力和远大的发展前途，其所预言的人类社会从资本主义向社会主义的转变、最终向共产主义过渡的历史大趋势并没有改变。其实，这里显现的核心与实质是：社会主义、共产主义，本身意味着人类社会发展的根本趋势，意味着人类将摆脱资本的束缚和奴役，真正占有属于人自己的内在本质。正如马克思恩格斯所指出的那样："个人的全面发展，只有到了外部世界对个人才能的实际发展所起的推动作用为个人本身所驾驭的时候，才不再是理想、职责等等，这也正是共产主义者所向往的。"[①]人类社会发展的最终趋势是："代替那存在着阶级和阶级对立的资产阶级旧社会的，将是这

①《马克思恩格斯全集》（第三卷），人民出版社，1960，第330页。

样一个联合体，在那里，每个人的自由发展是一切人的自由发展的条件。”①这就勾画出未来共产主义社会的宏伟蓝图。

从马克思恩格斯的论述中我们可以看到，世界社会主义运动从根本上代表了广大人民群众的根本利益，反映了人类社会整体的、根本的、长远的发展趋势。但人类社会的发展绝不是简单、直线、单向向前进步和发展的，总是存在着曲折、痛苦、剥削、压迫，这似乎成为人类社会历史发展绕不开的一个必然的逻辑。甚至说，人类社会的每一次进步都伴随着社会的阵痛，都体现为广大劳动群众的被剥削、被压迫。但是，人类社会终究还是要向前发展和进步的，终究还是要体现公平和正义的，否则，人类社会就会走向灭亡。这也就意味着世界社会主义运动虽然遭到了严重的挫折，步履维艰，但其代表人类社会发展根本趋势的方向没有改变，真理终将会取得最终的胜利。正如中国特色社会主义事业在艰难曲折中建设和发展一样，无论是在革命战争年代还是在和平建设年代，总是面对着诸多问题、诸多挑战。但是在中国共产党的坚强领导下，中国特色社会主义事业却几度涅槃重生，并逐步走向辉煌。这些都证明，社会主义有着内在的强大生命力。如今，中国特色社会主义进入了新时代，习近平新时代中国特色社会主义思想成为马克思主义中国化的最新理论成果。它针对“回答‘世界怎么了，世界向何处’的世界之问给出了中国智慧、中国方案，构建人类命运共同体的战略赢得了世界人民的心”②。可见，中国特色社会主义为整个世界社会主义运动的发展

①《马克思恩格斯选集》（第一卷），人民出版社，1995，第294页。

②中共中央宣传部编《习近平新时代中国特色社会主义思想三十讲》，学习出版社，2018，第345—346页。

提供了中国样板，贡献了中国智慧。

中国特色社会主义文化在整个世界范围内，体现和带动了整个世界社会主义文化运动的前进和发展。世界社会主义文化运动的前进和发展，不仅是制度、体制以及社会形态的变革，同时也是文化的变革。世界社会主义文化运动是世界社会主义运动在文化上的集中体现。也就是说，世界社会主义运动需要世界人民对世界社会主义运动的文化认识、文化认可，只有这样，整个世界的社会主义运动才能在整个世界范围内得以拓展和推广。没有全世界范围内的世界社会主义运动文化的传播和影响，就不可能带动整个世界社会主义运动的前进和发展。中国特色社会主义文化建设，为世界社会主义文化运动注入了新鲜的血液和持久的活力。

总之，中国特色社会主义文化是社会主义的重要特征，是社会主义区别于其他社会的重要标志，是社会主义制度优越性的重要表现，是社会主义现代化建设的重要目标和重要保证。中国特色社会主义文化在社会主义建设中具有不可替代的地位和作用，加强文化建设能够为推进社会主义现代化建设提供智力支持和精神动力，加强文化建设也是我国社会主义现代化建设沿着正确方向发展的思想保证，加强文化建设更是满足社会日益增长的需求的迫切需要。中国特色社会主义文化是社会主义建设的重要内容，而且是基本内容，与经济建设、政治建设、社会建设、生态文明建设共同构成中国特色社会主义事业的整体。它通过确立马克思主义在中国特色社会主义事业中的指导地位并不断推动马克思主义的新发展为社会主义社会的全面发展进步提供强大的精神支柱，通过大力发展教育和科技为社会主义社会的全面发展进步提供强大的智力支持，通过培育和弘扬民族精神为社会主义社会的全面发展进步提供强大的精神动力，通过全面提升国民的思想道德和科学文化素质，为社会主义社会的全面发展进步提供强大的人力资源和人才资源。因此，它在社会主义社会全面发展与进步中具有战略地位与战略意义。

二、中国特色社会主义文化的现实功能

中国特色社会主义文化的现实功能，主要是指现阶段中国特色社会主义文化对广大人民群众、对中国特色社会主义事业的建设和发展所具有的直接性、主要性的作用和价值。更进一步地说，中国特色社会主义文化作为人们思想意识的一种综合体现，在人们的精神领域，在进一步指导人们的行为实践上，主要具有如下现实功能。

（一）为中国特色社会主义建设提供思想保证

中国特色社会主义事业不仅体现在经济的硬实力上，也体现在文化的软实力上。中国特色社会主义事业作为一个系统的工程，特别是随着我国改革进一步加深，整个社会的复杂化、程序化、规范化趋势日益明显，这意味着面对如此浩大的社会系统工程建设，更需要强有力的思想文化来保证方向。没有深刻的思想，或者说没有足够的思想指导，整个社会建设将会出现严重的不良后果。进一步来说，当前中国特色社会主义事业的建设和发展，已不同于改革开放前。那时，整

个社会的建设发展都比较单一，社会各个阶层、各个行业、各个领域也没有明显分化，特别是在传统计划经济条件下，整个社会异常僵化和不活跃。

改革开放以来，特别是中国特色社会主义进入新时代以来，中国特色社会主义事业的发展日新月异，国内各要素不仅在市场经济的作用下活跃起来，而且还日益深入到全球的大市场体系中。面对着这样一个丰富、复杂、系统的当代中国社会，更需要强有力的思想保证。无疑，在这种崭新的时代背景下，中国特色社会主义文化可以为中国特色社会主义事业的建设和发展提供强有力的思想保证。毛泽东指出："一定的文化（当作观念形态的文化）是一定社会的政治和经济的反映，又给予伟大影响和作用于一定社会的政治和经济。"①这是毛泽东对文化的来源和文化的反作用的经典表述。从文化反作用的角度来看，文化作为一定社会政治和经济的反映，必然会反过来作用于一定社会的政治和经济。而这种反作用，主要体现在文化领域：积极的、先进的、创新的文化，由于它对整个社会的反映是正确的、客观的和有效的，必然会推动整个社会的前进和发展；反之，消极的、落后的、腐朽的文化，由于它带有麻痹性、迷惑性、欺骗性，必然会对人们的精神世界带来极大的负面作用，进而阻碍整个社会的前进和发展。文化的正负两方面的作用，往往通过文化的认识、维护、批判、否定等功能形式体现出来。文化对积极的、正能量的思想、精神、道德、文明的维护、弘扬、支持和肯定，会带动整个社会风气的好转，

---

①《毛泽东选集》（第二卷），人民出版社，1991，第663—664页。

有利于促使社会成员朝着积极正能量的方向迈进。相反，一些文化所蕴含的腐朽的思想观念对一些正义的问题有意抹黑，或者有意歪曲，落后文化所带来的各种消极因素也会给人们的思想和行为带来十分严重的负面效果。综合来看，文化对社会发展的思想保证作用主要体现在能够引领社会发展的正确方向，通过文化的认知功能、维护功能、批判功能，使人们看到社会问题的实质和根本，能够从文化的角度把握社会的脉搏，进而为整个社会的未来发展提供正确的方向指引。

关于文化引导社会向着正确方向发展问题，我们可以从中国近现代历史的大变迁中获得有力的佐证。自鸦片战争以来，国人就一直在争论中西方思想文化孰优孰劣的问题，无论是洋务派、维新派的积极变革，还是保守派的抱残守缺，以及新文化运动中的中西方思想文化的碰撞，都体现出文化对整个社会发展的重要导向作用。中国传统思想文化肯定有其精髓和精华，但也肯定包含着落后和腐朽的成分；西方思想文化肯定有其先进的内容和良好的作用，但也肯定有其不适合中国具体国情的方面。所以，文化的选择、融合、建设在整个中国近现代社会的历史变迁中，发挥着更为深层的重大作用，在各个方面都导引了中国近现代历史变化发展的方向。例如，洋务派所主张的“中学为体、西学为用”特别推崇西方的坚船利炮，认为只要把西方的先进科学技术学到手，就可以维系清朝的统治。历史的沉痛事实证明，仅仅从“器物”上学习西方，是不可能维系中国社会的独立和发展的，必须要从根本上特别是制度上、文化上予以科学借鉴。有鉴于此，孙中山作为中国近现代民主革命的第一人，向西方学习资本主义的政治制度，领导了资产阶级民主革命，使民主共和的观念深入人心，但结局还是未能实现中国社会的独立和解放。其根本原因就在于他对中国开出的“药方”未能从中国社会的实际情况出发，而是完全效仿西方资本主义制度和资产阶级革命理论。但不管怎样，近代仁人志士、先进分子，特别是新文化运动中的文人，虽然有其极端、偏颇的一面，甚至有的主张全盘西化，但其出发点是要力争在国人的思想文化上打开缺口，要在思想文化的意义上、角度上启迪民智，提升国民的思想认识。这是最难做到的，也是最为可贵的。虽然以上尝试均宣告失败，但历经磨难的近现代知识分子、有识之士仍没有放弃希望，为整个中国近现代社会前进发展而进行的不懈探索，为国人在思想文化上提供了深刻的思想指引，为中国近现代社会的发展提供了思想保证，指引了中国近现代社会未来的发展方向。

文化对社会前进发展的思想保证作用，往往都是以文化对整个社会前进和发展的深刻认识、理性把握、有效指引为前提和基础的。我们从中也可以得出这样的结论，即文化对整个社会建设的思想保证作用，主要是建立在对落后的、错误的、腐朽的文化的批判和斗争上，没有对这些负面文化的全面鞭挞、深刻揭示和有效批判，也就不可能带来文化对整个社会前进和发展的思想保证作用。这是文化的现实功能十分重要的一条规律性体现。

中国特色社会主义文化可以为中国特色社会主义事业提供思想保证。一方面是弘扬主流思想文化，为中国特色社会主义事业提供积极的正能量。另一方面要与各种不良思想文化作坚决的斗争，使人们更加自觉地认识到许多思想文化的问题、症结以及负面效应。在改革开放40年的建设和发展过程中，人们的经济生活发生了翻天覆地的变化。但是，伴随着市场经济的发展以及对外开放的进一步加深，人们的思想文化也出现了多元化的趋势。而且，在人们的多样化的思想文化体系中，也出现了许多落后的、低俗的、腐朽的、不文明的思想文化内容。这对中国特色社会主义事业的建设和发展，将会带来极其不良的影响。对于这些问题与影响如果不加以破解和纠正，就会对中国特色社会主义事业的建设和发展带来十分严重的负面效果。一方面，我们要看到历经改革开放，中国特色社会主义取得了举世瞩目的辉煌成就，人们的生活水平获得了极大的提升，社会各方面都趋于繁荣、发展和稳定；但是另一方面，我们也要居安思危，越是在各方面建设取得巨大成就、人们的生活水平达到了一定水准的时候，就越需要在思想文化上有高度的自觉、自省乃至自警。所以，需要大力弘扬中国特色社会主义文化，运用文化的力量去塑造、整肃目前所出现的各种负面问题，积极建构正能量。这样，才能使我国社会的建设和发展朝着更高层次的方向迈进。

正如习近平总书记所指出的那样："中国特色社会主义文化积淀着中华民族最深层的精神追求，代表着中华民族独特的精神标识，是中国人民胜利前行的强大精神力量。这一点，不仅已经在理论上被证明是正确的，而且在实践上也被证明是正确的。"①可见，加强中国特色社会主义文化建设，用中国特色社会主义文化的力量去弘扬和彰显社会的正能量，引导社会发展的主流趋势，必然会为中国特色社会主义事业的前进和发展提供强有力的思想保证。

---

①中共中央文献研究室：《习近平关于社会主义文化建设论述摘编》，中央文献出版社，2017，第14页。

（二）为中国特色社会主义提供精神动力

中国特色社会主义文化的现实功能，更明显地体现在它可以为中国特色社会主义事业的建设提供精神动力。这种精神动力是一种精神上、思想上、认识上，直至行为上、实践上的一种驱动力量，这也是中国特色社会主义文化反作用的集中体现。文化的反作用不仅在于它可以为中国特色社会主义事业提供认识、解释、思想保证，更在于它还可以体现为一种实际的思想指导能力，这就是文化的精神动力作用。事实上，无论是个人还是群体乃至整个社会、民族、国家，都是需要精神动力的，这是人的行为实践的思想先导。没有文化意义上的精神动力，人们就会颓废，社会就会混乱，民族就会衰败，整个国家就会死气沉沉，就会没有了精气神儿。正如习近平总书记所指出的："文明特别是思想文化是一个国家、一个民族的灵魂。无论哪一个国家、哪一个民族，如果不珍惜自己的思想文化，丢掉了思想文化这个灵魂，这个国家、这个民族是立不起来的。"[①]就是说，中国特色社会主义文化是中华民族内在的思想灵魂，中华民族就是以中国特色社会主义文化为精神家园的，并从中获取无穷无尽的精神力量，无论是过去还是目前中国特色社会主义事业进入攻坚期，都需要从中国特色社会主义文化中获取精神力量。

人区别于动物、区别于万事万物，一个十分重要的标志就是人的文化属性。所谓人的文化属性，就是指只有人才能创造文化，在人类漫长的历史长河中，通过不断的探索、积累和创造，孕育建构了属于

①中共中央文献研究室：《习近平关于社会主义文化建设论述摘编》，中央文献出版社，2017，第5页。

人的思想文化。这一点，其他物种是做不到的。其他物种尤其是动物，只能依据自身“种”的特征和属性去适应自然和环境，以获得种的繁衍和生息。但是人则不然，人这一独特的“物种”不仅仅是自然生理意义上的繁衍和生息，更为重要的是一种思想文化意义上的传承和发扬。即人类不仅创造了属于人的文化，而且人类还从人类所创造的文化中获取强大的精神力量，支撑人类面对各种困难，通过文化的形式展开文化意义上的生息和繁衍。这是人的特殊的存在方式。

早在蒙昧之初，人类创造的原始宗教、精神图腾、各种祭祀、风俗习惯等，虽然从我们现代人的角度来看，这是一种迷信，是一种典型的不科学的思想文化。但是，在那个洪荒的时期，在人类刚刚脱胎于动物界并转化为人类的过程中，依靠着这些原始意义上的图腾崇拜、宗教信仰、各种祭祀等，获得了心理上的精神力量。而正是靠着这种精神力量，人们可以面对大自然中的各种恶劣环境，在极其艰苦的条件下繁衍和生息下去。依靠文字的发明，各种记录载体的创造，人类不断地积累、积淀着自身的思想文化。通过各种器具、各种活动、各种传承，人类不断丰富和壮大自己的文化系统。欧洲中世纪的宗教虽然愚昧、盲从，但它给人们提供了精神信仰，人们靠着“上帝”获得了精神信仰的力量。近代西方兴起的自然科学更是以理性、实证的方式，为人类认识世界和改造世界提供了强大的精神力量。随之而来的近代西方的人文主义思想，更是使人获得了关于人的生存和发展意义上的精神力量，为人们的生活方式、价值追求、理想信念提供了强有力的精神支撑。中国是一个文化延续几千年的国度，中华民族的思想文化博大精深，绵延不断，有儒家思想文化强调的精神、伦理、道德的修养和提升，有道家思想文化提倡的超脱和境界，以及诸子百家各种思想文化的大繁荣大发展，都成为中华民族的精神食粮，都为中华民族的繁衍生息提供了源源不断的精神动力。

文化的精神动力功能也有其反面和负面的效果，这一点不仅要作区分，而且要予以深刻认识。即落后的、腐朽的、不合时宜的文化不仅不能成为人们的精神动力，反倒会成为弱化、腐蚀人们精神的重要力量。也就是说，文化一定要随着人类社会的前进而进步，并作出相应的调整和变革，实现创造性转化和创新性发展，真正为现实和未来人们的精神需求提供精神动力。从西方文化历史变迁的角度来看，古希腊文化作为西方文明的开端，曾经起到过非常重要的作用，但毕竟是属于奴隶制度下的城邦文化，有着鲜明的奴隶主阶级的性质和特征。因此，古希腊文化被中世纪基督教文化所取代。基督教文化在西方曾经统治了漫长的历史时期，成为西方社会主流的精神家园。但是西方基督教文化极端强调信仰性，不讲求科学性，也曾长时间地束缚了人的精神。所以，西方中世纪的宗教文化被近代科学主义、理性主义的文化所取代就是西方近代社会历史发展的必然。而西方近代科学主义、理性主义的极端发展，形成了体制化、程序化趋势，人自身的地位、生活体验、生命的价值和意义被严重忽略了，甚至变成了赤裸裸的利益关系，人自身发生了严重的异化，进而给人们的精神世界带来巨大的压力和冲击。西方近代人文主义极力宣扬人的个性，非理性主义泛滥，消费主义和享乐主义的盛行也给人们的精神世界带来十分严重的负面影响。如今，西方思想文化进入到了后现代时期，各种思想文化多元并存，并相互激荡，呈现出分化、分散以及迅速变化和更迭的趋势。重建人类的精神家园，重塑人们的精神信仰和价值选择，打破迷茫，破解精神焦虑和紧张的局面，解决信仰迷失等，成为当代西方思想文化的当务之急。而中国的思想文化自春秋战国诸子百家的建构，以及历朝历代的积淀和发展，使中国传统思想文化达到了登峰造极的程度，曾经创造了举世瞩目的中华传统文化的兴盛时期。但是到了近现代，在西方资本主义思想文化的冲击下，中华文化的落后性、封建性、保守性、凝固性、滞后性暴露无遗，给人们的精神世界带来了一定的束缚和负面的影响。因此，当前我国加强中国特色社会主义文化建设，就是要着重发扬中国传统思想文化的精华，对中国传统思想文化批判继承，同时吸纳西方思想文化的优秀之处，结合我国目前特有的国情和需要，建构一种弘扬主流，高举中国特色社会主义伟大旗帜，给广大人民群众提供强有力的精神动力的思想文化。对此，习近平总书记指出，“实干兴邦”“幸福是靠我们的双手创造出来的”“撸起袖子加油干”。这体现了新时代的中华儿女在全面改革开放的今天，正以崭新的精神面貌，斗志昂扬的精神状态，不断将中国特色社会主义事业向着纵深方向推进，不断创造着属于每一个人的中国梦。在中国特色社会主义文化的精神动力助推下，相信中华民族伟大复兴的日子会早日到来，中国特色社会主义事业会越来越辉煌。

“人无精神则不立，国无精神则不强。精神是一个民族赖以长久生存的灵魂，唯有精神上达到一定的高度，这个民族才能在历史的洪流中屹立不倒、奋勇向前。”[①]新时代的人民精神、民族精神、国家

①中共中央文献研究室：《习近平关于社会主义文化建设论述摘编》，中央文献出版社，2017，第13页。

精神的凝聚，中国特色社会主义的精神家园的建立，并非一朝一夕之功，终究是离不开中国特色社会主义文化的。中国特色社会主义文化建设，是广大人民群众精神世界的重要支撑。

（三）为中国特色社会主义建设提供凝聚力

中国特色社会主义文化是一种精神动力，这是从动态反作用的角度来审视的。而如果从横向和普遍意义的角度来审视，中国特色社会主义文化又可以起到增强文化认同感、强化共同认识、形成共同理念、增强凝聚力的作用。

社会力量的凝聚有赖于文化的认同，文化通过它在社会中占主导地位的思想观念和规范体系，形成一个整体的文化氛围、文化环境，主流的文化思想、精神、道德观念等借助于或得益于各种形式的文化熏陶、自觉体认等，从文化自觉发展到文化认同和社会认同，凝聚成社会共识，促进民族意识和民族精神的形成。国家、民族之间的鲜明差别，显著见之于文化。这种客观存在的文化差异往往标识着这个国家、民族的独特存在，没有丧失自己的个性。因此，一个国家、一个民族能否保持文化的民族风格、民族气派，关键在于是否形成了对自身文化的了解、认识、认同以及自觉的拥护。唯有赞成、认同、支持自身的文化，这个国家、这个民族的文化才能最大限度地凝聚和发展，屹立于世界民族之林而不失鲜明的民族个性和民族特征。中国特色社会主义文化建设，重要的目标是加强和夯实以马克思主义为根本指导、以中国优秀传统文化为底蕴、以中国共产党为领导核心等建立的思想观念和规范体系。一方面巩固主流意识形态，增强广大民众对中国特色社会主义及其文化的自觉、认同和自信，另一方面则要与以往残留的消极落后的腐朽文化，以及外来的西方资本主义文化作坚决的斗争。即是说，中国特色社会主义文化建设不仅有利于培育文化自觉、社会认同，进而凝聚社会力量，也有利于消除和抵御内在遗留或外来侵蚀的思想文化的负面影响，促进中国特色社会主义事业健康有序地向前发展。

中国特色社会主义文化是全体中华儿女共同的精神家园，是中国人民增强国家认同和社会认同的强大力量，是一种继往开来、锐意进取的文化模式和文化形态。它继承于中国五千年文明累积下来的优秀传统文化，有着浓厚的历史渊源和历史根据，成为当代中国人民的共同精神标识和民族特征。共同的民族心理、地域环境、背景文化更加有利于团结中国广大人民群众，形成共同的精神家园。这是中国特色社会主义文化的先天优势、历史底蕴。同时，中国特色社会主义文化依托于社会主义现代化建设，中国共产党领导中国人民创造的红色革命文化和发展中的社会主义先进文化，是其重要的文化基础。中国特色社会主义文化意蕴深厚、前景光明，具有新时代的中华民族的风格和气派。中国特色社会主义文化建设正在不断加强和凝聚着新时代的精神力量，构建着全体中华儿女共同的精神家园，这对于增强中国人民对国家的认同和对社会的认同，具有不可忽视的重要作用。

文化对于国家和民族的发展意义重大，在国家、民族存亡之际更显其关键。“历史和现实都证明，中华民族有着强大的文化创造力。每到重大的历史关头，文化都能感国运之变化、立时代之潮头、发时代之先声，为亿万人民、为伟大祖国鼓与呼。中华文化既坚守本根又不断与时俱进，使中华民族保持了坚定的民族自信心和强大的修复能力，培育共同的情感和价值、共同的理想和精神。”[①]往往在国家、民族危机存亡的重大历史关头，中华优秀传统文化总是发挥着先锋作用，警醒和唤醒着国人的爱国意识。从试图挽救国家和民族存亡的旧民主主义革命，到成功建立新中国的新民主主义革命，中华优秀传统文化以不同的形式、模式走在前头，充当急先锋。立足于当代，中华优秀传统文化以中国特色社会主义文化的形式、模式而存在，表征着新时代背景下具有中国社会主义特色的中华文化。因此，它坚守本根又不断与时俱进，使中华民族保持了自信心、自尊心，培育了共同的情感和价值取向、理想和精神追求。

发展方向是根本，事关中国特色社会主义文化发展的未来趋向。“要坚持社会主义先进文化前进方向，用社会主义核心价值观凝聚共识、汇聚力量，用优秀文化产品振奋人心、鼓舞士气，用中华民族优秀文化为人民提供丰润的道德滋养，提高精神文明建设水平。”[②]即是说，中国特色社会主义文化建设，一定要保持社会主义先进文化的前进方向，保持社会主义的本质特征。因为，脱离社会主义发展方向、丢掉马克思主义的指导思想、丧失中国共产党的政治核心领导等，必然会带来社会主义本质属性的根本改变。而社会主义本质属性的根本改变，必然会导致中国特色社会主义文化最终丧失存在和发展的现实基础和坚实根据。但保持社会主义先进文化的前进和发展方向也并不

①中共中央文献研究室：《十八大以来重要文献选编》（中），中央文献出版社，2016，第121页。

②中共中央文献研究室：《习近平关于社会主义文化建设论述摘编》，中央文献出版社，2017，第12页。

是空喊口号，它具体地要以优秀文化作品为载体，用各种形式和方法提高精神文明建设的总体水平，做好社会主义核心价值观的培育。有着共同的核心价值观和理想信念，才能凝聚共识、汇聚力量，这无疑是有利于社会主义事业健康发展的。

培育社会主义核心价值观和共同理想，坚定理想信念，关键是要培育和树立以文化自信为根本的道路自信、理论自信和制度自信。习近平总书记指出："一个国家、一个民族，要同心同德迈向前进，必须有共同的理想信念作支撑。我们要在全党全社会持续深入开展建设中国特色社会主义宣传教育，高扬主旋律，唱响正气歌，不断增强道路自信、理论自信、制度自信，让理想信念的明灯永远在全国各族人民心中闪亮。"[①]这充分肯定了理想信念对于中国特色社会主义事业的重要作用，并提出了要增强道路自信、理论自信和制度自信的任务。其实，理想信念建设也是一种自信，是基于文化自觉、文化认同的自信。当最广大的人民群众生成对中国特色社会主义文化的自信，树立坚定的理想信念，所凝聚的力量必然是坚定而强大的。列宁认为："历史活动的规模愈大、范围愈广，参加这种活动的人数愈多，反过来说，我们所要实行的改造愈深刻，就愈要使人们关心这种改造并采取自觉的态度，就愈要使成百上千万的人都确信这种改造的必然性。"[②]中国特色社会主义文化建设，就是新时代中国社会主义文化的改造和改革，必将使广大人民群众充分相信和自觉投入其中，不断为

①中共中央文献研究室：《习近平关于社会主义文化建设论述摘编》，中央文献出版社，2017，第11页。

②《列宁选集》（第四卷），人民出版社，1995，第348页。

中国特色社会主义建设凝聚更强有力的精神力量。

（四）为中国特色社会主义建设提供智力支持

中国特色社会主义文化为中国特色社会主义事业提供智力支持。所谓智力支持，主要是指中国特色社会主义文化可以为我国社会建设提供带有真理性、规律性、指导性的思想和认识，这种正确的思想和认识又可以为社会建设起到积极的推动作用。文化主要是人类脑力劳动和智力活动的产物，体现着人类认识和把握世界的科学成果，而且文化所内含的科学成果往往是人类经历漫长的历史岁月所积淀而成的，能够成为人们认识世界和改造世界的重要思想武器。

在人类思想文化形成和积淀的过程中，一方面是自然科学成果的积累。这是对大自然各个领域科学性的认识，有助于人们对大自然的改造和利用。人类社会发展到目前，自然科学取得了巨大的进步，产生了巨大的生产力。另一方面是在自然科学发展的基础上产生的社会科学成果的积累。社会科学是关于人类社会自身变化发展过程和发展规律的科学认识，涉及哲学、伦理、风俗、习惯、宗教等思想文化领域，更是凸显了人类思想文化的建树。人类思想文化的形成和积淀，着重体现于人类关于人类自身、社会本身的深刻认识。它标志着人类发展的成熟，解开了人类自身的种种“历史之谜”。因此，社会科学作为人类思想文化的重要体现，对人类社会的发展和建设起着不可估量的作用。

社会科学是人类思想文化的重要组成部分，社会科学的发展水平集中反映了一个国家、社会、民族的认识水平、思维能力、精神品格、文明素质，是一个国家、社会、民族综合素质的重要体现和突出标志。一个国家、社会、民族的发展，既取决于自然科学的发达程度，也取决于社会科学发展的水平。甚至可以说，即便自然科学非常发达，但如果社会科学发展跟不上，也会给社会的发展带来更加负面的作用。我国社会科学的发展，伴随着改革开放的推进，获得了飞速的发展，正在为中国特色社会主义事业提供着源源不断的智力支持。对此，习近平总书记指出："一个国家的发展水平，既取决于自然科学发展水平，也取决于哲学社会科学发展水平。一个没有发达的自然科学的国家不可能走在世界前列，一个没有繁荣的哲学社会科学的国家也不可能走在世界前列。坚持和发展中国特色社会主义，需要不断在实践和理论上进行探索，用发展着的理论指导发展着的实践。在这个过程中，哲学社会科学具有不可代替的重要地位，哲学社会科学工作者具有不可替代的重要作用。"[①]这段话既肯定了我国社会科学对于经济社会发展所起到的重要作用，又明确了加强哲学社会科学建设的主要任务，是进一步推动哲学社会科学健康发展并以此推动中国特色社会主义事业加快发展的经典论述。

总之，中国特色社会主义文化具有凝聚核心价值、促进社会和谐、弘扬中华文化、提升综合国力的功能。中国特色社会主义文化"是凝聚和激励全国各族人民的重要力量"，通过社会主义精神文明建设有助于在全社会形成统一思想、凝聚人心的精神支柱，有助于在各族人民中形成共同理想和坚定信念，有助于在全体人民中形成和弘

①中共中央文献研究室：《习近平关于社会主义文化建设论述摘编》，中央文献出版社，2017，第70页。

扬爱国主义精神；通过加强和谐文化建设可以促进社会和谐，和谐文化是以和谐为思想内核和价值取向的文化形态，追求人类和平、人际和睦、世间万物和谐共生，和谐文化是和谐社会的重要特征，建设和谐文化是构建社会主义和谐社会的重要任务；中华儿女共同创造的五千年灿烂文化是维系全体中国人民的精神纽带，中华民族就是以这种共同的文化纽带结成的民族大家庭，并具有一致认同的优良历史文化传统，才有了共同的文化规范和价值观念；文化力也是综合国力的重要组成部分，文化力的实质是文化对经济基础和上层建筑的反作用，最终表现为对生产力的促进作用，其核心部分主要是文化价值观及其政治价值观念的认同及影响力，理论指导力、理想凝聚力、道德教化力、舆论导向力、科技创造力、法纪整合力、艺术熏陶力共同汇成对经济社会发展起着巨大作用的文化力。

第三章
中国特色社会主义文化的指导思想与基本原则

文化是整个社会建设体系中的一个重要组成部分。文化与经济、政治、社会紧密关联。文化既是对经济、政治、社会、生态文明建设的一种反映，同时也是一种重要的思想支撑，文化可以为经济、政治、社会、生态文明的建设提供强有力的思想保障、精神动力、凝聚力量和智力支持。所以，文化是我国“五位一体”建设体系中的一项重要内容。习近平总书记指出：“文化是一个国家、一个民族的灵魂。文化兴国运兴，文化强民族强。没有高度的文化自信，没有文化的繁荣兴盛，就没有中华民族伟大复兴。要坚持中国特色社会主义文化发展道路，激发全民族文化创新活力，建设社会主义文化强国。”①可见，文化在整个社会建设中的重要地位和重大作用。而对于具有这样重大地位和重大作用的文化建设，前提必然有一个根本的指导思想，亦即文化建设必须要

①习近平：《决胜全面建成小康社会　夺取新时代中国特色社会主义伟大胜利——在中国共产党第十九次全国代表大会上的报告》，人民出版社，2017，第40—41页。

有一个正确的指导思想，唯有在一个正确思想指导下的文化建设，才能够保证文化建设的正确方向。否则，一旦文化建设在错误思想的指导下，或者文化建设最初的设计、规划出现了严重的问题，将会对整个社会的建设和发展，特别是对特定历史阶段人的自身建设和发展，带来十分严重的负面效果。因此，中国特色社会主义文化建设，必然要首先明确和坚定正确的指导思想，这是中国特色社会主义文化建设研究的逻辑前提。同时，中国特色社会主义文化建设还要坚持中国共产党领导等基本原则，这是中国特色社会主义文化繁荣发展的重要保证。

一、中国特色社会主义文化的根本指导思想

习近平总书记在十九大报告中鲜明指出：“意识形态决定文化前进方向和发展道路。”①中国特色社会主义文化之所以是中国特色社会主义特征和属性的文化，而不是其他什么特征和属性的文化，是因为它鲜明地凸显着自己所隶属的意识形态。中国特色社会主义文化是鲜明体现马克思主义意识形态特征和属性的文化，所以，中国特色社会主义文化是以马克思主义为根本指导思想的文化。就实质来说，任何文化都体现着自己的意识形态，总是在不同的文化特征、内容体系、

①习近平：《决胜全面建成小康社会　夺取新时代中国特色社会主义伟大胜利——在中国共产党第十九次全国代表大会上的报告》，人民出版社，2017，第41页。

表现方式上蕴含着自身所隶属的意识形态，直接体现和彰显着自己的意识形态。世界上没有超越意识形态的文化，任何文化最终都要为一定的意识形态服务、统摄。反过来说，作为某一社会、国家、民族的意识形态，要通过其文化的途径、方式和内容来凸显和维护自己的意识形态。所以，文化与意识形态密不可分，是紧紧联系在一起的。文化必然要蕴含和体现一定的意识形态，一定的意识形态需要通过文化的形式来展现和凸显。意识形态归根到底要影响、制约、规范、引导文化的建设和发展。所以，中国特色社会主义文化必须要坚持马克思主义的指导思想。

（一）马克思主义对中国特色社会主义文化的指导地位

马克思主义是中国特色社会主义文化的根本意识形态，这决定了马克思主义对中国特色社会主义文化的指导地位，即中国特色社会主义文化必须要坚持以马克思主义为根本指导思想，要深度体现马克思主义的世界观和方法论，要体现马克思主义的立场、观点和方法，尤其要体现马克思主义的理想信念、价值取向。关于马克思主义对中国特色社会主义文化的指导地位，我们可以从习近平总书记的经典论述中，予以进一步的深化和明确。

2016年5月17日，习近平总书记在哲学社会科学工作座谈会上的讲话中指出："坚持以马克思主义为指导，是当代中国哲学社会科学区别于其他哲学社会科学的根本标志，必须旗帜鲜明加以坚持。"①

①习近平：《在哲学社会科学工作座谈会上的讲话》，人民出版社，2016，第8页。

中国特色社会主义文化是我国哲学社会科学建设和发展的重要内容之一，为此，要旗帜鲜明地坚持马克思主义的指导地位，要形成和具有中国哲学社会科学的特征和属性。明确中国特色社会主义文化要以马克思主义为指导，是中国特色社会主义文化建设的首要前提，也是重要的发展方向和机制保障。这是中国特色社会主义文化不同于其他文化形式的重要标志。

习近平总书记关于中国哲学社会科学建设必须要坚持以马克思主义为指导，不仅指出了马克思主义本身的重要指导作用，而且指出了如果不坚持马克思主义的指导地位，我国哲学社会科学的发展将面临诸多问题。进一步揭示了中国特色社会主义文化如果不以马克思主义为根本指导思想，也必将面临诸多的问题，直至带来严重的负面效果。

首先，关于马克思主义在中国哲学社会科学发展中的重要指导作用，习近平总书记指出："马克思主义尽管诞生在一个半多世纪之前，但历史和现实都证明它是科学的理论，迄今依然有着强大生命力。马克思主义深刻揭示了自然界、人类社会、人类思维发展的普遍规律，为人类社会发展进步指明了方向；马克思主义坚持实现人民解放、维护人民利益的立场，以实现人的自由而全面的发展和全人类解放为己任，反映了人类对理想社会的美好憧憬；马克思主义揭示了事物的本质、内在联系及发展规律，是'伟大的认识工具'，是人们观察世界、分析问题的有力思想武器；马克思主义具有鲜明的实践品格，不仅致力于科学'解释世界'，而且致力于积极'改变世界'。在人类思想史上，还没有一种理论像马克思主义那样对人类文明进步产生了如此广泛而巨大的影响。”①

习近平总书记的这段论述，主要是从马克思主义自身所体现出来的世界观、方法论、价值指向、理论特征，实质是马克思主义自身所具有的科学性、真理性、价值性等角度，提出了马克思主义理论能够成为并且一定是中国哲学社会科学建设和发展的根本指导思想。如果从另外一个角度来看，中国哲学社会科学是一个庞大的体系，包含着丰富的内容，事关中国社会、中华民族以及整个中国特色社会主义事业的建设和发展，中国这艘巨大的航船，必定是需要一个正确、根本、整体、长远的指导思想的。那么，从中国社会历经的近现代历史的重大转折过程中，从革命战争年代到和平建设年代，在面对不同历史阶段的不同主题、困难和挑战的过程中，无论是从时间上，还是从历史事实上，马克思主义都经历了历史的实践的检验。从正反两个方面的对比中可以深刻地证明，马克思主义是值得信赖的科学的正确的思想理论。所以，马克思主义能够成为中国哲学社会科学建设和发展的指导思想。作为中国哲学社会科学庞大体系中的中国特色社会主义文化，要坚定马克思主义的指导地位，要坚定地以马克思主义为自身前进和发展的指导思想。所以，马克思主义自身的特征、内涵、真理性、科学性，决定了中国特色社会主义文化必须以马克思主义为根本指导思想。

关于忽略马克思主义的指导地位将会带来诸多负面问题，习近平总书记指出：“在我国，不坚持以马克思主义为指导，哲学社会科学

①习近平：《在哲学社会科学工作座谈会上的讲话》，人民出版社，2016，第8页。

就会失去灵魂、迷失方向，最终也不能发挥应有作用。正所谓‘夫道不欲杂，杂则多，多则扰，扰则忧，忧而不救’。”[①]在这里，习近平总书记十分明确地指出了马克思主义在我国哲学社会科学建设和发展中，其重大的作用是树“灵魂”、管“方向”，具有最核心、最主旨、最根本的身份和地位。也就是说，我国整个哲学社会科学建设，内核是马克思主义理论，不仅要把马克思主义这一内核建设好，而且还要发挥马克思主义的“灵魂”“核心”的重大作用。同时，由于马克思主义处于“灵魂核心”的地位，也就决定了马克思主义理论是整个哲学社会科学发展方向的重要保障，能够正确、深刻、长远地指导我国整个哲学社会科学的前进和发展。所以说，“灵魂”是“方向”的根本，“方向”是“灵魂”的重要体现。“灵魂”和“方向”的重要地位和根本作用，决定了中国哲学社会科学的可持续发展。从这一逻辑角度来看，中国特色社会主义文化涉及诸多方面，体现为一个具体的体系性内容，但无论中国特色社会主义文化涵盖多少方面，体现多少内容，都要始终围绕马克思主义，都要始终以马克思主义为自身的“灵魂”，这样才能保证中国特色社会主义文化的前进和发展方向。否则，就会出现习近平总书记所指出的失去灵魂、迷失方向、不能发挥作用的严重负面结果。

习近平总书记针对我国哲学社会科学建设忽略马克思主义的指导地位出现的许多问题和苗头，敏锐地指出：“在对待坚持以马克思主义为指导问题上，绝大部分同志认识是清醒的、态度是坚定的。同

①习近平：《在哲学社会科学工作座谈会上的讲话》，人民出版社，2016，第9页。

时，也有一些同志对马克思主义理解不深、理解不透，在运用马克思主义立场、观点、方法上功力不足、高水平成果不多，在建设以马克思主义为指导的学科体系、学术体系、话语体系上功力不足、高水平成果不多。社会上也存在一些模糊甚至错误的认识。有的认为马克思主义已经过时，中国现在搞的不是马克思主义；有的说马克思主义只是一种意识形态说教，没有学术上的学理性和系统性。实际工作中，在有的领域中马克思主义被边缘化、空泛化、标签化，在一些学科中'失语'、教材中'失踪'、论坛上'失声'。这种状况必须引起我们高度重视。"①

习近平总书记切中要害地指出了目前我国哲学社会科学在坚持马克思主义指导地位上所出现的诸多问题，这一点是十分值得哲学社会科学界重视和自省的。只有深刻地看到自身存在的问题、不足，才能够提出切实的解决思路、方案，最终才能够真正带来自身的前进和发展。由于我国哲学社会科学分科众多、研究领域复杂繁多、涉及的人员也多种多样，这决定了在统一贯彻和落实马克思主义指导地位上，肯定会出现许多偏差和不足。所以，我国哲学社会科学建设应时刻自省和自检，应始终对照马克思主义的指导思想、发展理想、价值取向，始终以马克思主义的原则和方向为规范，一旦发现背离马克思主义的指向、苗头，就要及时发现，及时解决。

在哲学社会科学建设和发展的过程中，在坚持马克思主义指导的过程中，始终存在着坚持与否定、坚定坚持与部分坚持、消极坚持与

①习近平：《在哲学社会科学工作座谈会上的讲话》，人民出版社，2016，第10页。

隐性反对等诸多问题，往往都是口号喊得特别响亮，但在具体的落实上则消极应对，应付了事，这是十分可怕和值得重视的。因为，哲学社会科学统摄、影响和引领着我国社会整体的精神文明建设，尤其是中国特色社会主义文化对广大民众的影响是十分广泛而深刻的。并且，文化对人的影响、熏陶，往往还是无形和隐匿的，人们会在日常生活中不自觉地就接受了非马克思主义的种种观点，甚至还非常看重种种非马克思主义的论调，出现许多违背马克思主义的消极负面的文化。这就提示我们，要始终以马克思主义为主流意识形态，在宣传和建构中国特色社会主义文化的过程中，要始终体现和彰显马克思主义的立场和指向，要与各种非马克思主义和反马克思主义的文化思想、思潮作坚决的斗争。

在改革开放40年的征程中，特别是随着我国对外开放的进一步扩大，西方的各种思想和文化、各种主义和思潮以及各种理论和见解，都纷纷地涌向中国。这不仅给哲学社会科学工作者带来了巨大的挑战，而且给广大民众的思想观念也带来了冲击。这就需要我们辩证取舍，批判借鉴，但一个十分突出的问题，就是要使广大民众对各种错误思潮、各种反映西方资本主义的文化思想有足够的清醒的认识，并予以坚决的抵制和反对。而且，还要拿出具体的论点和论据来，要有十分充足的理由，在摆事实、讲道理的过程中，体现马克思主义的立场、观点和方法，在反复的对比和甄别中，体现出中国特色社会主义文化的性质和优势。这样才能保证中国哲学社会科学以及中国特色社会主义文化的重要地位和巨大功能。只有中国哲学社会科学和中国特色社会主义文化拿出最优秀、最深刻、最令人信服的思想、理论、作品来，能够与时俱进地创造出新的文化内涵和表现形式来，才能够真正在广阔的人民大众的社会生活中立足，才能够与国外各种负面思潮相抗衡，最终为广大人民群众所接受，在中国特色社会主义建设的广阔生活中带来广泛而深刻的影响。

可能会有人提出质疑，毕竟马克思主义理论已经诞生很久了，至今已经有200年的历史了，人类社会已经发生了翻天覆地的变化，人类的思想文化更是呈现出前所未有的巨大变迁，而且，中国社会跟新中国成立之前相比，和改革开放之前相比，正呈现出前所未有的新局面、新气象、新形势，那么，当前中国社会发展到底处于什么阶段、什么时期呢？习近平总书记在十九大报告中对我国目前发展所处的新的历史方位作了十分全面和客观的总结，他指出：“中国特色社会主义进入新时代，意味着近代以来久经磨难的中华民族迎来了从站起来、富起来到强起来的伟大飞跃，迎来了实现中华民族伟大复兴的光明前景；意味着科学社会主义在21世纪的中国焕发出强大生机活力，在世界上高高举起了中国特色社会主义伟大旗帜；意味着中国特色社会主义道路、理论、制度、文化不断发展，拓展了发展中国家走向现代化的途径，给世界上那些既希望加快发展又希望保持自身独立性的国家和民族提供了全新选择，为解决人类问题贡献了中国智慧和中国方案。”①

“这个新时代，是承前启后、继往开来、在新的历史条件下继续夺取中国特色社会主义伟大胜利的时代，是决胜全面建成小康社会、

①习近平：《决胜全面建成小康社会　夺取新时代中国特色社会主义伟大胜利——在中国共产党第十九次全国代表大会上的报告》，人民出版社，2017，第10页。

进而全面建设社会主义现代化强国的时代，是全国各族人民团结奋斗、不断创造美好生活、逐步实现全体人民共同富裕的时代，是全体中华儿女勠力同心、奋力实现中华民族伟大复兴中国梦的时代，是我国日益走进世界舞台中央、不断为人类作出更大贡献的时代。”①

从习近平总书记对我国所进入的新时代的全面描述和总体概括中，我们可以十分鲜明地对比出：新时代不同于以往的革命战争年代，不仅外在的整个世界的时代主题发生了根本的变化，而且我国现实的具体的社会生活，人们具体的生产生活方式，也发生了翻天覆地的变化。就是说，时代在前进，社会在进步，对于诞生于200年前的马克思主义理论，是否意味着已经失去了指导新时代的能力？尤其是，是否还能够成为新时代中国特色社会主义文化的根本指导思想？这样的疑虑，恐怕既存在于广大的哲学社会科学工作者中间，也存在于广大民众思想中，成为我们必须予以重视，而且应该予以深刻和有效回答的问题。对这个问题如果回答不好，将会对我国整个社会科学的建设和发展，尤其对于中国特色社会主义文化建设，带来十分严重且长期的负面效果。这个问题必须要予以深度的探究和解答。

我们在翻阅马克思主义经典著作的过程中，会非常深刻地感受到，在马克思主义经典著作里，存在着大量的关于革命和战争时期的观点、看法、评述，相比较而言，关于社会建设方面的论述、关于文化建设方面的论述却非常稀少。这似乎给人们的感觉是：马克思主义理论有点儿过时了，而人类社会历史、中国社会历史则是前进和发展

①习近平：《决胜全面建成小康社会　夺取新时代中国特色社会主义伟大胜利——在中国共产党第十九次全国代表大会上的报告》，人民出版社，2017，第10—11页。

的，这就会产生马克思主义理论已经不适合新时代，不适合充当中国特色社会主义文化指导思想的种种观点、疑问。

我们必须承认，马克思主义理论确实产生于200年前，是西方资本主义社会、西方传统思想文化，尤其是近代西方德国古典哲学、英国古典政治经济学以及英法两国空想社会主义学说的继承和发扬，它本身就是西方近代历史合乎逻辑的必然产物。但这里也透露出一个问题，即任何思想理论都是具有时代性、历史性的，没有超越具体历史时代的思想理论。无论是黑格尔的“绝对精神”——号称绝对真理体系，还是尼采的“上帝死了”——对西方传统理性思维的终结，都带有他们所属时代的烙印，都跳不出时代的窠臼。马克思主义理论也面临着同样的问题，而且马克思对此是有着非常清醒的认识的，强调自身的理论应该随着时代的变迁而不断地向前进步和发展。马克思强调，“要对现存的一切进行无情的批判”，“在批判旧世界中发现新世界”。[①]就是说，马克思主义理论内在的理论品格，不仅强调要对一切客观对象予以现实的批判，而且也要对自己的思想理论予以无情的批判，在不断的批判中，在不懈的审查中，发现各种问题，然后予以破解，这样才能够真正带来实质性的前进和发展。世界上的任何事物都没有自然而然的发展，也没有直线性质的发展，任何事物的前进和发展其前提都是否定和批判。这就是马克思理论所体现出来的辩证法，也是马克思主义理论作为时代精神始终屹立在时代的潮头，成为全世界无产阶级指导思想的重要依据所在。马克思主义的理论品格就是与

①《马克思恩格斯全集》（第一卷），人民出版社，1956，第416页。

时俱进。

如果我们对马克思主义理论与时俱进的理论品格有更加深刻的理解，就会在思想逻辑中形成十分坚实和可靠的依据。关于马克思主义理论所内蕴的辩证法思想，马克思指出：“辩证法在对现存事物的肯定的理解中同时包含对现存事物的否定的理解，即对现存事物的必然灭亡的理解；辩证法对每一种既成的形式都是从不断的运动中，因而也是从它的暂时性方面去理解；辩证法不崇拜任何东西，按其本质来说，它是批判的和革命的。”[①]就是说，马克思主义理论所体现出来的辩证法思想，十分深刻地体现了要以运动、变化、发展的眼光去看待一切，只要客观现实发生了改变，人们的思维、观点、对策也应发生相应的改变，要根据客观现实的变化而作相应的调整。马克思主义理论确实诞生于200年前，而且我们翻阅马克思主义理论的经典著作，会发现那里有着大量的关于当时年代所发生的重大历史事件的分析、论述，会形成对当时问题的具体观点、具体论断。但这并不是就将马克思主义理论定型了，不能因为马克思当年的某些论点、特定论断，就把马克思主义理论束缚在当时的历史年代中。马克思主义理论骨子里有着十分尖锐的批判性、审查性、否定性，即辩证属性，要因事而化、因时而进、因势而新。恩格斯对马克思主义的辩证法思想认识得十分深刻，对此他作了十分深刻的总结和诠释：“我们的主观的思维和客观的世界遵循同一些规律，因而两者在其结果中最终不能互相矛盾，而必须彼此一致，这个事实绝对地支配着我们的整个理论思维。

① 《马克思恩格斯选集》（第二卷），人民出版社，1995，第112页。

这个事实是我们的理论思维的本能的和无条件的前提。”[①]这就是主观辩证法和客观辩证法的有机统一。世界的客观的历史进程有其客观的历史规律，而我们主观的思维逻辑虽然有着独立性、主观性，有着自身运行的独特规律，但作为理论研究，则要求主观思维逻辑的变化、运行，一定要与客观历史进程的变化发展一致，不可矛盾，这决定和支配着整个理论思维，是理论思维的本能的和无条件的前提。这就鲜明体现了马克思主义理论所内蕴的辩证思维，以及所体现出来的鲜明的与时俱进的理论品格。只有具有这样理论品格的思想理论，才能够承担起作为中国特色社会主义文化的指导思想的历史责任。

习近平总书记在纪念马克思诞辰200周年大会上，对马克思的一生，对马克思主义理论的历史地位和现实意义作了十分深刻的总结，对马克思主义依然成为中国社会建设和发展的指导思想，特别是对中国特色社会主义文化的指导地位，作了十分深刻的阐释和说明。

习近平总书记指出：“马克思是全世界无产阶级和劳动人民的革命导师，是马克思主义的主要创始人，是马克思主义政党的缔造者和国际共产主义运动的开创者，是近代以来最伟大的思想家。两个世纪过去了，人类社会发生了巨大而深刻的变化，但马克思的名字依然在世界各地受到人们的尊敬，马克思的学说依然闪烁着耀眼的真理光芒！”[②]从习近平总书记的这一论断中我们可以看出，虽然“两个世纪过去了，人类社会发生了巨大而深刻的变化”，但是马克思学说的真理性依然闪烁着耀眼的光芒，依然能够成为引领我们前行的思想武

①《马克思恩格斯选集》（第四卷），人民出版社，1995，第364页。

②习近平：《在纪念马克思诞辰200周年大会上的讲话》，人民出版社，2018，第2页。

器。习近平总书记进一步指出："马克思主义始终是我们党和国家的指导思想，是我们认识世界、把握规律、追求真理、改造世界的强大思想武器。马克思主义思想理论博大精深、常学常新。新时代，中国共产党人仍然要学习马克思，学习和实践马克思主义，不断从中汲取科学智慧和理论力量，在统筹推进'五位一体'总体布局、协调推进'四个全面'战略布局中，更有定力、更有自信、更有智慧地坚持和发展新时代中国特色社会主义，确保中华民族伟大复兴的巨轮始终沿着正确航向破浪前行。"①

以上论述进一步肯定了马克思主义理论在当今中国特色社会主义建设实践中的指导地位，不仅应该进一步坚持，而且应该深刻学习，有效领悟，真正发挥马克思主义理论的指导作用。从中我们也可以进一步总结出：马克思主义理论历经200年的检验，不愧为真理的思想体系，能够穿越历史的时空，具有最大意义的普遍性、规律性和指导性。时间、历史是最好的检验标准，人类社会历史的史实是最有说服力的佐证，虽然国际共产主义运动进入过低潮，马克思主义理论也饱受过质疑，但在近现代200年的风风雨雨中，尤其是在中国共产党带领中国人民革命和建设的历程中，马克思主义理论起到了十分重大的指导作用。可以说，没有马克思主义理论这一思想武器，就没有中国社会革命胜利和建设的伟大成果。

习近平总书记在纪念马克思诞辰200周年大会上，对中国特色社会主义文化建设作出了专门性的论述，这更加明确和准确地揭示了马

①习近平：《在纪念马克思诞辰200周年大会上的讲话》，人民出版社，2018，第15—16页。

克思主义对中国特色社会主义文化的重要指导地位和指导作用。习近平总书记指出："学习马克思，就要学习和实践马克思主义关于文化建设的思想。马克思认为，在不同的经济和社会环境中，人们生产不同的思想和文化，思想文化建设虽然决定于经济基础，但又对经济基础发生反作用。先进的思想文化一旦被群众掌握，就会转化为强大的物质力量；反之，落后的、错误的观念如果不破除，就会成为社会发展进步的桎梏。理论自觉、文化自信，是一个民族进步的力量；价值先进、思想解放，是一个社会活力的来源。国家之魂，文以化之，文以铸之。我们要立足中国，面向现代化、面向世界、面向未来，巩固马克思主义在意识形态领域的指导地位，发展社会主义先进文化，加强社会主义精神文明建设，把社会主义核心价值观融入社会发展各方面，推动中华优秀传统文化创造性转化、创新性发展，不断提高人民思想觉悟、道德水平、文明素养，不断铸就中华文化新辉煌。"①

习近平总书记这一段关于中国特色社会主义文化建设以马克思主义为指导思想的经典论述，不仅肯定了马克思主义对中国特色社会主义文化的指导地位，而且具体指出了我们究竟应该怎样运用马克思主义去指导中国特色社会主义文化的建设，应该怎样运用马克思主义理论体系中的相关内容，去指导中国特色社会主义文化的未来发展。基于习近平总书记的论述，我们进一步细化马克思主义理论体系中的丰富内容对中国特色社会主义文化的指导作用。

---

①习近平：《在纪念马克思诞辰200周年大会上的讲话》，人民出版社，2018，第19—20页。

（二）马克思主义唯物史观是指导中国特色社会主义文化的理论基础

唯物史观是马克思一生的两个重大发现之一，是马克思主义理论诞生、体现马克思主义理论超越以往理论学说的重要标志。马克思唯物史观的创立，使人们能够以科学的观点、视角，去深刻地理解人类社会历史变化发展的内在规律，使许多历史之谜得以破解，使人们能够看到人类社会历史变迁的实质和真相。恩格斯对马克思创立的唯物史观作出了高度评价，他指出，“在马克思使自己的名字永垂于科学史册的许多重要发现中……第一点就是他在整个世界史观上实现了变革”[①]，“正是马克思最先发现了重大的历史运动规律”[②]，“这种新的历史观，对社会主义的观点有极其重要的意义”[③]。列宁也高度评价了马克思所创立的唯物史观，认为马克思的唯物史观“第一次使人们有可能以严格的科学态度对待历史问题和社会问题的假设”，“第一次把社会学提高到科学的水平”，“第一次使科学的社会学的出现成为可能”，“第一次把社会学放在科学的基础之上”。[④]所以，自从马克思的唯物史观诞生以来，人们运用唯物史观的基本原理，采用唯物史观的观点、方法和视角解决问题，使得人们对自身所组成的社会体系及其变化发展的历史，有了一个更加清晰而深刻的认识。

人类认识自己，特别是认识人自己所组成的人类社会，是一件非

---

①《马克思恩格斯选集》（第三卷），人民出版社，1995，第334页。

②《马克思恩格斯选集》（第一卷），人民出版社，1995，第583页。

③《马克思恩格斯选集》（第三卷），人民出版社，1995，第336页。

④《列宁专题文集　论辩证唯物主义和历史唯物主义》，人民出版社，2009，第160—163页。

常困难的事情。人类社会是一个极其复杂的体系，既涉及人与大自然的关系，也涉及人与人，人与社会，人与民族、国家、阶级的关系，特别是涉及人与人所创造的各种思想文化、风俗习惯、价值理念、宗教信仰等各种意识形态的关系。甚至人们往往深陷在自己所创造的各种思想文化之中而难以自拔，被种种由人自身所创造的思想文化所牵制、所制约，导致人类在自身的思想意识中迷失了自己。但人类还需要靠自身的精神、文化、意识去深度认识自己。所以，以往的社会历史观绝大多数都是唯心史观，总是运用人类的某一思想意识去阐释另一种思想意识，用一种文化去解释另一种文化，导致思想意识形态纷呈、思想意识观念差异巨大，甚至是思想意识范围内的封闭式的循环。

马克思唯物史观则从人类大量思想意识观念、各种文化思想的背后，揭示了这些意识形态的物质动因，并揭示了各种意识形态变化发展的内在规律。这使得我们能够更加深入和实质地把握人类社会历史的各种思想文化，把握人类社会历史变迁的内在客观规律。所以，马克思唯物史观的创立，是对以往各种历史观，尤其是唯心史观的重大颠覆和理论创新，是我们审视人类社会历史各种现象的有力思想武器。运用马克思唯物史观理论，是解读中国特色社会主义文化内容、实质、特征、规律、指向的重要理论基础。在此基础上，唯物史观是直接指导中国特色社会主义文化建设的最为重要的指导思想。只有运用唯物史观的基本立场、主要观点和方法逻辑，才能够推进中国特色社会主义文化的发展。

具体而言，我们可以从唯物史观以下几个方面去具体解读中国特色社会主义文化，进而体现唯物史观对中国特色社会主义文化的指导作用。

1. 唯物史观关于社会存在与社会意识的辩证关系原理

社会存在与社会意识是社会历史观的基本问题，不同的社会历史观对此有着不同的解答。以往各种唯心史观往往从人类的思想意识出发，用各种思想意识去解析各种客观的社会现象，认为社会意识是社会存在的来源，是社会意识创造了社会存在。马克思唯物史观则认为，社会存在决定社会意识，社会存在是社会意识的来源和内容，社会存在的变化会导致社会意识发生相应的变化。同时，社会意识是社会存在的一种反映，并且社会意识会反作用于社会存在，先进的社会意识会推动社会存在的发展；相反，落后的社会意识则会阻碍社会的存在和发展。可以看出，唯心史观与唯物史观的分野，主要在于对社会存在和社会意识关系的不同解答，实质是选择了不同的视角和不同的思维进路。

我们应该坚持唯物史观从社会存在的角度去解析社会意识的思维进路，因为社会意识虽然有其独立性，而且这种独立性特别凸显，是人类区别于其他物种的重要标志，正是人类的思想意识具有独立性，才会支撑社会意识对社会存在具有巨大的反作用。但要想真正弄清楚社会意识的来源、内容、实质以及变化发展的客观规律，单从社会意识自身是无法得到令人满意的解释的，必须要借助于社会存在的客观内容。社会意识具有鲜明的主观性，其各种表现形式都是主观的，但社会意识的内容则是客观的，而且内容是决定形式的，只有从客观的社会存在出发，才能真正把握各种社会意识的实质内容和根本性质。

中国特色社会主义文化从狭义界定的角度来看，肯定是属于目前中国社会所体现出来的社会意识的，是属于当前中国人民的精神状况和思想理念的，其根本实质是属于人们的精神世界的。所以，研究中国特色社会主义文化的内容、特征、指向、作用，以及我们要建构中国特色社会主义文化这一独特的平台，就必然要将中国特色社会主义文化所依据的客观的社会存在，即我国广大人民群众所体现出来的广泛而深刻的生产生活的实际状况紧密结合起来，这样才能真正解读中国特色社会主义文化的实质内涵。我国当前的文化之所以被称为中国特色社会主义文化，一个十分重要的原因就是对中国特色社会主义建设的深刻反映。在当代中国，唯有中国特色社会主义文化才能够真实反映、更好诠释、坚实支撑中国特色社会主义的伟大实践。我们通过进一步总结和归纳可知，是中国特色社会主义建设和发展的客观的社会存在孕育了中国特色社会主义的文化，反过来，中国特色社会主义文化是中国特色社会主义社会最深刻的反映。

关于从社会存在去解析社会意识的观点和思路，马克思恩格斯在标志唯物史观基本原理第一次系统阐述的《德意志意识形态》一文中，有一段十分经典的论述。他们指出："思想、观念、意识的生产最初是直接与人们的物质活动，与人们的物质交往，与现实生活的语言交织在一起的。人们的想象、思维、精神交往在这里还是人们物质行动的直接产物。表现在某一民族的政治、法律、道德、宗教、形而上学等的语言中的精神生产也是这样。人们是自己的观念、思想等等的生产者，但这里所说的人们是现实的、从事活动的人们，他们受自己的生产力和与之相适应的交往的一定发展——直到交往的最遥远的形态所制约。意识在任何时候都只能是被意识到了的存在，而人们的存在就是他们的现实生活过程。如果在全部意识形态中，人们和他们的关系就像在照相机中一样是倒立成像的，那么这种现象也是从人们生活的历史过程中产生的，正如物体在视网膜上的倒影是直接从人们生活的生理过程中产生的一样。"[①]所以，"不是意识决定生活，而是生活决定意识"[②]。从马克思恩格斯的这段论述中，我们可以更加深刻地理解人类的思想、观念、意识，进而理解人类所创造的政治、法律、道德、宗教、形而上学等各种文化形式，归根结底，是来源于人们的物质生产活动，是广阔的社会生活造就了人类的各种思想观念，进而凝练了人类的各种文化样态。其实，文化就是在人类社会历史进程中不断形成和建构起来的。无论怎样界定文化，文化的一个十分重要的特征，就是人类将自身在漫长的历史岁月中，对大自然、人类社会，特别是对人类自身实践活动的经验的沉思、沉淀、积累、升华，凝结在人类的思想观念中，表现在人类的语言、风俗、各种器物、典籍之中。它是人类精神思想领域的灵魂，是人类各种思想观念的核心。实质来说，人类就是靠着自身所创造的文化而活着的，没有了文化的支撑，人类就会迷茫、焦虑和紧张，人类在面对各种困难和挑战时，就会没有"抓手"。所以，文化产生于人类的实践活动之中，是人类客观现实生活的真实写照，反过来，文化也支撑了人类进一步地对自然、社会和自身的改造和提升。我们深刻理解马克思唯物史观从社会存在的角度去解析社会意识的思维进路，进而从社会存在的角度去阐

---

①《马克思恩格斯选集》（第一卷），人民出版社，1995，第72页。

②《马克思恩格斯选集》（第一卷），人民出版社，1995，第73页。

释属于社会意识范畴内的各种思想文化，就可以对文化的根本性质、实质内容、作用机制有一个更为深刻的理解。

如果从历史阶段上来看，中国特色社会主义文化是在中国共产党的领导下，在革命战争和和平建设年代不断形成、积累和不断塑造的文化，是对我国近现代社会独立、解放、建设发展的概括和总结。就是说，在我国近现代历史发展的进程中，中国社会经历了太多的曲折、困难和挑战，无数的仁人志士也试图从思想文化的角度去予以解释和破解。中国曾经采取过“中学为体，西学为用”，也采取过全盘西化，各种思想文化形式在中国近现代历史的变迁中纷纷登场，但最终只有在马克思主义理论的指导下，切合中国实际、反映中国国情的中国特色社会主义文化占据了主导，发挥了巨大的历史作用。所以，我们把这种文化形式命名为中国特色社会主义文化，而不是其他什么特征和性质的文化。

历史和现实深刻证明，只有中国特色社会主义文化才是真实反映中国社会近现代历史的正确文化，才是广大人民群众切实需要的文化，也只有中国特色社会主义文化，才能够真正推动中国社会的建设和发展。时至今日，我们应该高举中国特色社会主义文化的伟大旗帜，在中国特色社会主义建设新的伟大征程中，发挥出更加巨大的作用。

2. 唯物史观关于经济基础和上层建筑的辩证关系原理

唯物史观将人类社会发展的基本规律归结为生产关系一定要适应生产力的规律、上层建筑一定要适应经济基础状况的规律，并将人类社会发展的基本矛盾归结为生产力与生产关系、经济基础与上层建筑之间的辩证矛盾运动。当然，生产力与生产关系二者之间的矛盾是人类社会基本的矛盾，因为生产力和生产关系是人类社会存在和发展的物质动因，是支撑整个社会历史客观存在的根本方面。如果没有坚实的物质资料的生产，人类社会就会趋于灭亡。在生产力和生产关系这一根本性矛盾的基础和前提下，唯物史观进一步揭示了经济基础和上层建筑二者之间的矛盾辩证关系。在以生产关系总和为经济基础的前提下，人类社会形成了庞大而复杂的上层建筑体系，有政治的上层建筑体系，也有思想观念的上层建筑体系。唯物史观认为，经济基础决定上层建筑，经济基础决定上层建筑的性质、变化和发展，上层建筑会反过来制约、影响经济基础，当上层建筑适应经济基础的要求和发展时，就会促进，反之就会阻碍。在具体论述经济基础和上层建筑二者之间的矛盾辩证关系上，马克思在《〈政治经济学批判〉序言》中有一段十分经典的论述，他指出："我的研究得出这样一个结果：法的关系正像国家的形式一样，既不能从它们本身来理解，也不能从所谓人类精神的一般发展来理解，相反，它们根源于物质的生活关系，这种物质的生活关系的总和，黑格尔按照18世纪的英国人和法国人的先例，概括为'市民社会'……人们在自己生活的社会生产中发生一定的、必然的、不以他们的意志为转移的关系，即同他们的物质生产力的一定发展阶段相适合的生产关系。这些生产关系的总和构成社会的经济结构，即有法律的和政治的上层建筑竖立其上并有一定的社会意识形式与之相适应的现实基础。物质生活的生产方式制约着整个社会生活、政治生活和精神生活的过程。"①

①《马克思恩格斯选集》（第二卷），人民出版社，1995，第32页。

恩格斯在《反杜林论》中对经济基础决定上层建筑的原理作了经典的论述，他指出："每一时代的社会经济结构形成现实基础，每一个历史时期的由法的设施和政治设施以及宗教的、哲学的和其他的观念形式所构成的全部上层建筑，归根到底都应由这个基础来说明。"①从马克思恩格斯的经典论述中，我们可以十分清晰而深刻地看到，人类的各种上层建筑，包括思想文化，归根到底是由经济基础决定的。这就意味着要想深刻认识上层建筑的各个方面，尤其是其中所蕴含的思想文化，只有从经济基础中才能找到最深厚的根源，最有力的佐证。很明显，文化作为一种思想意识形式，其隶属于上层建筑范畴之内。或者说，人类的政治、法律、哲学、宗教等各种上层建筑形式，虽然各有所指，但都是人类文化的重要体现。进一步说，人类的政治、法律、哲学、宗教等上层建筑形式，本身就是人类所创造的文化，是人类在漫长的社会治理、建构过程中，所不断积累、不断完善、不断塑造的文化。所以，从经济基础决定上层建筑的角度来看，要想解析各种思想文化，只有从经济基础的角度，才能够得到更深刻的阐释和说明。这里有必要说明一下社会存在和经济基础二者之间的辩证关系。社会存在是一个广义的范畴，它既包括人类所生活的自然地理环境，也包括人类自身，但更为实质的内容是人类的物质生产活动及其方式。而人类的物质生产活动及其方式，特别是其中所蕴含的生产关系，其总和就是指经济基础。所以，从社会存在决定社会意识的原理去解析文化，可以更加细化和深化为从经济基础决定上层建筑

① 《马克思恩格斯选集》（第三卷），人民出版社，1995，第365页。

的原理去解析文化，这是对文化的深层阐释和说明。

中国特色社会主义文化不仅是对中国特色社会主义这一特定社会存在的反映，更为深刻的是对中国特色社会主义经济基础的反映。中国特色社会主义的经济基础，主要是指以公有制为基础的多种所有制并存的经济制度，和以按劳分配为主体的多种分配方式并存的分配制度。从另一个角度来看，就是中国社会的各种生产关系的总和。这决定了中国特色社会主义的经济基础是社会主义性质的，决定了人们之间的生产、分配、交换、消费以及分工、协作等各种生产关系，已不同于资本主义对抗和剥削的生产关系，是反映社会主义优势，体现社会主义特征，相互协助，共同发展，共同富裕的生产关系。这决定了反映中国特色社会主义经济基础的中国特色社会主义文化，一定是以人民为中心的，为着广大人民群众根本利益的，真正为广大人民群众服务的思想文化。

（三）马克思主义的实践论是指导中国特色社会主义文化的认识论基础

实践的观点是马克思主义理论首要的和基本的观点。实践这一范畴揭示的是我们人作为主体，运用一定的中介、手段、方法等介体，作用于一定的客体，在主观见之于客观的现实的过程中，特别是在对客体实际的作用和改造的客观成果中，反观和反证着人们的原初计划、方案、理念是否得当，是否正确。所以，唯有人类的实践活动，既联系着人类主观的精神世界，也联系着人类所作用和影响的客观世界。人类既用自身的实践活动造成人类主观世界和客观世界的分野，也通过自身的实践活动实现人类主观世界和客观世界的统一。其实，人类的实践活动就是人类最切实、最真实、最现实的存在方式，构成了人类能动的实践活动的内在本质。这也就意味着从人类的实践活动出发，就能够找到人类所有秘密的根源，找到人类社会所有现象的最深厚的基础。对此，马克思指出："全部社会生活在本质上是实践的。凡是把理论引向神秘主义的神秘东西，都能在人的实践中以及对这个实践的理解中得到合理的解决。"[①]所以，从人类现实的实践活动出发，以人类的实践活动为根基，是马克思主义理论区别于其他一切理论的重要标志。而且，马克思主义理论也正是通过实践的观点，实现了对以往各种思想理论的重大创新。

从人类实践活动出发，这里一个十分重要的内容，就是人类实践活动与人类思想意识的关系，进而我们就可以解析人类实践活动与人类所创造的思想文化之间的本质关联。按照马克思主义实践论的观点，实践构成了人类认识的基础和来源，是人类各种思想意识形成和发展的重要动力，而且，实践最终能够检验认识是否具有真理性。反过来看，人类的思想认识又是人类实践活动的重要指导性因素，正确的思想认识能够积极促使人类实践活动的顺利展开，反之，就会阻碍或者延迟人类实践活动的顺利展开。马克思主义实践论深刻揭示了人类的知行关系，在行中得知，在知的指导下加深和推动行。可以说，正是在知行反复循环、不断促进和加深的过程中，人类的实践活动能力、人类的思想认识能力才获得了提升，人类的思想文化也逐渐丰富

①《马克思恩格斯选集》（第一卷），人民出版社，1995，第56页。

和深刻起来。

从马克思主义实践与认识的辩证关系原理来看，作为人类思想认识领域的中国特色社会主义文化，必然是积淀于我国广大人民群众广泛而深刻的社会实践活动之中的，是广大人民群众鲜活的社会实践活动，创造了中国特色社会主义文化。通过广大人民群众的社会实践活动推动了中国特色社会主义文化的前进和发展。所以，只有广大人民群众广泛而深刻的社会实践活动，才是中国特色社会主义文化最深厚的根基。其实，任何一种思想文化，都不是无源之水、无本之木，它的形成、发展过程，直至成为某一特定的文化形态，都可以在它所依托的特定社会和特定人群的实践活动中，找到最深刻、最本质的渊源。

中国特色社会主义文化首先来源于中华民族几千年的优秀传统文化，而中华民族优秀传统文化则是深深地扎根于中华民族几千年来深厚的社会历史实践活动之中的。没有广大劳动群众对大自然的改造，没有各个时代知识分子对传统思想文化的概括和总结，没有普通民众对广阔而丰富的社会实践活动的体验与认知，一句话，没有中华民族世世代代广泛而深刻的社会历史实践活动，就不可能形成源远流长、丰富繁荣的中国优秀传统文化。中国特色社会主义文化对我国优秀传统文化的继承和发扬，实质来说，就是对中华民族几千年社会历史实践活动的继承和发展。

中国特色社会主义文化来源于中国近现代革命文化，是对中国共产党领导广大人民群众翻身求解放，在推翻三座大山，在不懈抗争中所形成的革命文化的继承和发扬。中国近现代历史的发展可谓曲折艰辛，忍辱负重，在中国共产党的领导下，广大人民群众不畏强敌，在巨大的牺牲中缔造了新中国，实现了中华民族的独立和解放。所以，革命实践是中国特色社会主义文化十分重要的来源和基础。中国特色社会主义文化是对广大人民群众革命实践文化的继承和发扬，要着重吸取中国革命文化所蕴含的不畏艰辛、理想信念坚定，为了人民群众根本利益而奋斗的矢志不渝的坚强意志。这在我国现代和平建设的时代背景下是不可忘却和忽略的，而且是我国社会建设和发展十分必要的思想文化支撑。

中国特色社会主义文化就是根源于广大人民群众，在各行各业的努力和奋斗中，在每一个中国人的切实学习和工作中，不断壮大和繁荣的。习近平总书记号召“实干才能兴邦”，要“撸起袖子加油干”，意味着只有在具体而现实的实践活动中，在不懈的努力和奋斗中，才能谱写最美丽的时代华章，进而才能够创造和推动最富有内容、最具有活力的中华民族的精神状态、价值信仰，反映当前我国社会建设所体现出来的欣欣向荣的思想文化。中国特色社会主义文化存在于中国人民实现中华民族伟大复兴中国梦的征程中，存在于每一个人为实现梦想的努力和奋斗中，只要人人都相信自身的实践努力，在各自的工作岗位上辛苦付出，汇聚起来，就会缔造伟大和崇高的中国特色社会主义文化，就会在国际社会彰显出中华民族通过勤劳苦干、艰辛努力，在近现代落后、被动的挨打中，站了起来、富了起来、强了起来。所以，中国特色社会主义文化最深厚的历史根基，是全体中国人民在新时代背景下，在中国特色社会主义伟大实践中焕发出勃勃生机。

马克思主义实践论的观点和思路构成指导中国特色社会主义文化

建设和发展十分重要的认识论基础，是指导中国特色社会主义文化的重要指导思想。

（四）科学社会主义理论是指导中国特色社会主义文化的方向保障

在马克思主义理论的三大组成部分中，科学社会主义是核心，是主题，是整个马克思主义理论追求和奋斗的目标。马克思主义政治经济学为科学社会主义提供论据，因为只有在经济学中，在决定人类社会存在和发展的经济领域中，才能够得到最坚实、最令人认可和相信的论据。马克思主义哲学为科学社会主义提供了方法论，马克思主义哲学既唯物又辩证的思维方法，有效支撑了科学社会主义主题、观点的论证和说明。所以，整个马克思主义理论体系的核心主题和根本目的，是科学社会主义。

科学社会主义之所以能够成为整个马克思主义理论体系的核心和主题，主要在于科学社会主义揭示了人类社会发展的根本趋势和未来方向。

科学社会主义理论重在回答人类社会向何处去的时代之问，时代之问是所有社会科学必须要正视且必然要予以深刻回答的问题。但以往的各种思想理论，在对人类社会根本发展趋势的判断和分析上，都出现了种种不足、种种缺陷，唯有马克思的科学社会主义理论，真正揭示了人类社会未来发展的根本趋势。的确，人类社会的发展必定不是直线上升的，都会经历曲折、反复乃至复辟和倒退，但是不能据此就否定马克思主义的科学社会主义理论。科学社会主义理论之所以是科学的、正确的，其最根本的实质是从整体上、根本上、长远上看到了人类社会不断从低级向高级、从简单向复杂方向迈进的逻辑。即人类社会从总体上、根本上、长远上必定是前进的、发展的。这是人类社会发展的大势，未来也是人类社会发展不可扭转的趋势。

科学社会主义理论首先阐明了社会主义一定会代替资本主义，资本主义一定会灭亡，社会主义一定会胜利的人类社会发展趋势。科学社会主义理论认为，人类社会发展规律和资本主义基本矛盾是“资本主义必然灭亡、社会主义必然胜利”的根本依据。由于人类社会发展，生产力和生产关系、经济基础和上层建筑矛盾作用的规律，特别是资本主义社会生产资料资本主义私人占有和生产社会化之间的矛盾，带来资本主义社会自身无法克服的矛盾，出现严重的人性异化以及无法摆脱的经济危机，进而注定了资本主义必然灭亡。同时，资本主义越是发展，就越会产生大量的无产阶级。无产阶级是最先进最革命的阶级，因为无产阶级与先进的社会大生产紧密联系，是先进生产力的代表。因此，无产阶级能够承担起推翻资本主义旧世界，建立社会主义和共产主义新世界的历史使命。无产阶级在反对资产阶级的过程中，其斗争的最高形式是无产阶级革命，要推翻资产阶级的国家政权，建立无产阶级专政的国家政权。

科学社会主义理论最为重要的是指出了建构社会主义的一般原则和主要内容，这为我们理解社会主义的本质、特征、内涵，提供了梗概和要点，同时也是我们把握中国特色社会主义文化建设原则和规范的重要理论支撑。

首先，科学社会主义理论认为，社会主义社会要在生产资料公有制的基础上组织生产，以满足全体社会成员的需要为生产的根本目的。这样的生产就会避免资本主义纯粹是为了资本家一己之私利的生产，就会框定整个社会生产的大众性、人民性，是真正为了广大人民群众根本利益和主要需求的生产。在社会生产上采取生产资料的公有制，保证了我国社会主义建设和发展的社会主义属性，这是保证社会主义制度不变质的根本基础，同时，这也是中国特色社会主义文化建设和发展的根本基础。

其次，科学社会主义理论主张社会主义社会对社会生产要采取有计划的指导和调节，在国家宏观调控下发挥市场在资源配置上的基础作用。就是说，社会主义社会的生产不是完全市场化，任由价值规律自发起作用，而是要有总体上的规划和宏观的指导，这样可以保证社会主义社会的生产始终朝着正确的方向发展。同时，马克思的科学社会主义理论强调要实行按劳分配的原则，要发挥每一个人劳动的积极性，在具体劳动的基础上，创造自己的人生价值和幸福。这些都为中国特色社会主义文化建设奠定了坚实的制度基础。

科学社会主义理论主张社会主义社会要合乎自然规律的改造和利用自然，要努力实现人与自然的和谐共生。在社会主义社会，应自觉地进行生态文明建设，要以合乎自然规律、合乎人类幸福生活和追求美丽环境的方式来改造和利用自然，保持人与自然之间的动态平衡。恩格斯在《自然辩证法》中提出了要采取合乎自然规律的方式进行改造和利用自然。他指出："我们不要过分陶醉于我们人类对自然界的胜利。对于每一次这样的胜利，自然界都对我们进行报复。"[1]如今，

①《马克思恩格斯文集》（第九卷），人民出版社，2009，第559页。

习近平总书记所大力倡导的生态文明建设，“绿水青山就是金山银山”的理念，已经广泛深入人心，这是对科学社会主义这一原则最好的诠释和体现。

科学社会主义理论还特别强调社会主义社会必须坚持用科学的理论作指导。恩格斯指出：“我们党有个很大的优点，就是有一个新的科学的世界观作为理论的基础。”[①]这个新的世界观就是辩证唯物主义和历史唯物主义世界观，由辩证唯物主义和历史唯物主义这一世界观所统领的马克思主义理论，是中国共产党的根本指导思想，亦是科学社会主义的指导思想。同时，科学社会主义主张必须要大力发展社会主义先进文化，用社会主义先进文化引领和推动我国社会前进和发展。习近平指出：“没有先进文化的积极引领，没有人民精神世界的极大丰富，没有民族精神力量的不断增强，一个国家、一个民族不可能屹立于世界民族之林。”[②]这是对马克思科学社会主义原则和要求的重要贯彻和落实。

科学社会主义指出，无产阶级政党是无产阶级的先锋队，社会主义事业必须始终坚持无产阶级政党的领导，在中国，必须始终坚持中国共产党的领导。历史证明，共产党是社会主义国家的核心领导力量，一旦社会主义国家放弃了共产党的领导，社会主义社会就会变质，就会演变成资本主义国家。只有毫不动摇地坚持共产党在社会主义国家的核心领导地位，才能保证社会主义国家的稳定、繁荣。中国

①《马克思恩格斯文集》（第二卷），人民出版社，2009，第599页。

②中共中央文献研究室：《习近平关于社会主义文化建设论述摘编》，中央文献出版社，2017，第7页。

特色社会主义的建设和发展，充分证明了这一点。中国共产党是中国工人阶级的先锋队，同时又是中国人民和中华民族的先锋队，是中国特色社会主义事业的领导核心。中国共产党的领导是中国特色社会主义最本质的特征，是中国特色社会主义制度的最大优势。所以，加强中国共产党的领导是科学社会主义十分鲜明的原则。

最后，科学社会主义理论的奋斗目标，就是要大力解放和发展生产力，逐步消灭剥削和消除两极分化，实现共同富裕和社会的全面进步，并最终向共产主义社会过渡。这鲜明地体现出社会主义社会的本质、根本任务和未来发展的价值取向，也是社会主义不同于资本主义的鲜明特征。就是说，社会主义的建设和发展，首先来说一定要创造大量的物质财富，建构社会主义建设和发展的物质基础。同时，社会主义的建设和发展，又以实现共同富裕为目标，要对剥削和两极分化进行限制和消除，最终的指向是实现共产主义社会。所以，科学社会主义的这一指向，为社会主义的前进和发展指明了方向。

以上所阐述的科学社会主义的一般原则和主要内容，与中国特色社会主义文化有着非常紧密的关联。中国特色社会主义文化，首先一定是社会主义性质和特征的文化，必然要遵循科学社会主义的一般原则，体现科学社会主义的主要内容，彰显科学社会主义的价值取向。中国特色社会主义文化建设，不能背离科学社会主义的基本原则，不但不能背离，而且要坚决地予以贯彻和落实。所以，马克思主义的科学社会主义理论是中国特色社会主义文化十分重要的指导思想，规范和框定了中国特色社会主义文化前进和发展的方向。

具体而言，科学社会主义思想指引中国特色社会主义文化的发展方向，主要体现在：

首先，中国特色社会主义文化要体现资本主义向社会主义转变的历史趋势，要站在历史和时代的最前沿，反映人类社会发展的必然性。不能揭示人类社会发展根本趋势的文化，必定是没有生命力和长远发展前途的文化。所以，中国特色社会主义文化要在总体上反映整个人类社会发展的大趋势。

其次，中国特色社会主义文化具有鲜明的无产阶级的阶级性，是代表无产阶级和广大人民群众根本利益的，这一点与资本主义文化有着鲜明的区别。无产阶级、广大劳动群众是人类社会发展的主体，是推动人类社会前进和发展的根本力量，只有代表无产阶级和广大劳动群众的文化，才是反映人类社会历史前进方向的文化。

再次，中国特色社会主义文化要体现马克思主义的指导、中国共产党的领导，是保证中国特色社会主义文化性质和特征的关键要点，脱离马克思主义的指导、放弃中国共产党的领导，都会带来中国特色社会主义文化建设偏离发展方向，甚至覆灭。这是中国特色社会主义文化的思想和领导保障。

第四，在目前中国特色社会主义文化发展的规划中，还要着重体现科学社会主义原则中的人与自然相和谐的思想，要特别凸显生态文明建设。也即，要将生态文明建设纳入中国特色社会主义文化体系中来，中国特色社会主义文化不仅要包含生态文明建设，而且要使生态文明建设体现出中国特色社会主义文化的特征和志向。

第五，中国特色社会主义文化要体现社会主义的经济制度、分配制度，要体现社会主义的本质、特征，特别是在发展方向上，最终要朝向共产主义社会。很显然，中国特色社会主义文化一定是社会主义性质和特征的文化，要体现社会主义的基本要求和价值取向。中国特色社会主义文化最终是要体现社会主义的科学性、正确性和发展趋势性的，而且，是要体现社会主义的优势和长处的，要具有社会主义的独到性。就是说，中国特色社会主义文化不仅要贯彻和落实科学社会主义的基本原则和主要指向，而且更重要的是在此基础上繁荣和兴旺起来，要具有吸引力，具有巨大的影响力，这样，才能真正体现出科学社会主义的科学性、真理性和重大的指导性。

总之，中国特色社会主义文化要遵循科学社会主义的基本原则，体现科学社会主义的根本实质，坚定科学社会主义的价值取向。马克思主义的科学社会主义理论是具体指导中国特色社会主义文化建设的重要原则和规范指向。

（五）社会主义核心价值观是指导中国特色社会主义文化的重要价值取向

价值问题实质是一个关系范畴，解决的是客观对象的功能、属性、效用和主体需要之间的满足和被满足的关系，满足了就有价值，没有满足就没有价值，强烈的满足就具有重大的价值，微弱的满足就具有微小的价值。而价值观就是对价值关系的一种根本观点、总体看法，体现着对客观对象功能、属性、效用的评判，也体现着对主体自身需要的深刻认识。如果用更为通俗的话语来解释价值观问题，那就是人们对什么最有价值，什么最值得自己去选择、去做的观点和看法的问题。从这个角度来看，价值观的问题是人们的思想和行为一个十分重大的先导因素。人们形成了什么样的价值观，就会展开什么样的行为实践。价值观问题是现代人们深层实践行为的重要依据，人们不会无缘无故地去做那些没有价值的事情，也不会长时间去选择那些价值不大的事情去做。人们的行为实践从长时间和根本上来看，是受制于人们的价值观引导和制约的。那么，这里就涉及，在当代中国社会、在全体中国人民心中、在整个中华民族体系内，应该树立和践行什么样的价值观呢？或者从另外一个角度来看，必然要有属于我们这个国家、社会、民族的最根本和核心性的价值观。“核心价值观是一个国家的重要稳定器。一个民族、一个国家，如果没有共同的核心价值观，就会魂无定所、行无依归。习近平总书记强调，我国是一个有着13亿多人口、56个民族的大国，确立反映全国各族人民共同认同的价值观‘最大公约数’，使全体人民同心同德、团结奋进，关乎国家前途命运，关乎人民幸福安康。”[①]可见，核心价值观能够在最广泛的范围里得到广大人民群众的认可，能够在最核心的价值取向上获得广大人民群众的支持，更为重要的是，核心价值观在最终极的意义上能够带领全体国民向着共同的目标和方向迈进。从这个角度来看，核心价值观是一个十分重要的精神引擎，能够导引一个国家、社会、民族根本的奋斗目标。反过来看，如果一个国家、民族、社会没有自己的核心价值观，就会没有共同的奋斗目标，也就不可能在核心价值取向上形成凝聚力、向心力，进而也就没有属于这个国家、社会、民族的最为精髓的思想文化。

①中共中央宣传部编《习近平新时代中国特色社会主义思想三十讲》，学习出版社，2018，第196页。

在当代中国社会，我们应该形成什么样的核心价值观呢？党的十八大为我们确立了社会主义核心价值观，主张富强、民主、文明、和谐，自由、平等、公正、法治，爱国、敬业、诚信、友善。这个社会主义核心价值观分别从国家、社会、公民三个层面，回答了我们要建设一个什么样的国家、什么样的社会，应该培育什么样的公民。社会主义核心价值成为当代中国民众共同的价值取向，是当代中国思想文化的集中体现。

社会主义核心价值观的树立，必然成为中国特色社会主义文化建设十分重要的指导思想。中国特色社会主义文化的形成和发展，一个内在的动力机制就是遵循了我国社会发展不同阶段最主要的核心价值取向。在近代中国社会，主要是以独立和解放为最大的价值取向，在当代中国社会，就应该以富强、民主、文明、和谐、自由、平等、公正、法治、爱国、敬业、诚信、友善为核心价值取向。遵循这样的价值追求，中国特色社会主义文化就会深入人心，进而不断地繁荣和发展起来。

二、中国特色社会主义文化建设的基本原则

在中国特色社会主义文化建设指导思想的基础上，有必要在总体上、根本上明确中国特色社会主义文化建设的基本原则。中国特色社会主义文化建设的基本原则，是中国特色社会主义文化建设的基本遵循，也是中国特色社会主义文化建设沿着正确发展方向繁荣发展的重

要保证。

（一）坚持中国共产党的领导

中国特色社会主义文化建设的首要的基本原则，就是要坚持中国共产党的领导。党的领导是确保中国特色社会主义文化建设取得成效的根本。任何思想文化建设都需要一个领导核心，在组织架构、根本内容、主要指向以及对所面对的主要问题的分析、总结，提出有针对性的对策，这一切都需要有一个坚强有力的领导核心。如果没有一个坚强有力的领导核心，思想文化建设就会产生混乱、纷争，进而带来广大人民群众思想的不统一，直至出现整个社会思潮泛滥、社会局势不稳定等诸多问题。所以，在无形的思想文化建设领域，更需要有一个坚强有力的领导核心。

中国特色社会主义文化建设的领导核心无疑就是中国共产党。中国共产党是中国特色社会主义事业的坚强领导核心，是最高的政治领导力量，各个领域、各个方面都必须自觉地坚持中国共产党的领导。习近平总书记强调，党政军民学，东西南北中，党是领导一切的。中国共产党的领导是中国特色社会主义最本质的特征。中国共产党的领导地位不是自封的，是历史和人民的选择，是由中国共产党的性质和宗旨决定的。中国共产党是中国工人阶级的先锋队，同时又是中国人民和中华民族的先锋队，中国共产党是中国特色社会主义事业的坚强领导核心。中国共产党始终高举马克思主义的伟大旗帜，把实现社会主义、共产主义作为奋斗目标，历经革命、建设和改革的锤炼，已经锻造为成熟的马克思主义政党。正是由于党的性质、地位、指向决定了在中国特色社会主义文化建设领域，也必然要以中国共产党为最根本的领导核心。

早在新民主主义革命时期，毛泽东就指出："新民主主义的政治、经济、文化，由于其都是无产阶级领导的缘故，就都具有社会主义的因素，并且不是普通的因素，而是起决定作用的因素。"[①]这明确地指出了党的领导是新民主主义文化建设的决定性因素。邓小平指出：要"把我们党建设成为有战斗力的马克思主义政党，成为领导全国人民进行社会主义物质文明和精神文明建设的坚强核心"[②]。江泽民指出："各级党委和政府要经常向宣传文化教育部门介绍形势、任务、方针政策，帮助他们了解改革和建设的进展情况，以利于他们做好工作。"[③]胡锦涛指出："各级党委要加强和改进对文化工作的领导，充分发挥全体文化工作者的积极性和创造性，支持和鼓励他们紧密结合亿万人民全面建设小康社会的伟大实践，创造出更多体现时代精神、符合人民要求的具有中国特色、中国风格、中国气派的文化成果，更好地为人民服务、为社会主义服务、为全党全国工作大局服务。"[④]新时代，习近平总书记针对新闻舆论领域的建设提出："党的新闻舆论工作是党的一项重要工作，是治国理政、定国安邦的大事，要适应国内外形势发展，从党的工作全局出发把握定位，坚持党的领导，坚持正确政治方向，坚持以人民为中心的工作导向，尊重新闻传

①《毛泽东选集》（第二卷），人民出版社，1991，第704—705页。

②《邓小平文选》（第三卷），人民出版社，1993，第39页。

③江泽民：《论党的建设》，中央文献出版社，2001，第138页。

④胡锦涛：《在十六届中共中央政治局第7次集体学习时的讲话》，《人民日报》2003年8月13日。

播规律，创新方法手段，切实提高党的新闻舆论传播力、引导力、影响力、公信力。”①

从历代领导人的论述中我们可以看出，一方面，党对中国特色社会主义文化建设十分重视；另一方面，突出了中国特色社会主义文化建设要始终坚持党的领导。党的领导是中国特色社会主义文化建设的主心骨，决定着中国特色社会主义文化的根本属性、实质内容、发展方向，在整体上、根本上、长远上保证了中国特色社会主义文化建设的前进和发展。

（二）确保国家意识形态安全

中国特色社会主义文化建设一个十分重要的原则，就是要坚持有中国特色社会主义的意识形态，确保国家意识形态安全。中国特色社会主义文化建设蕴含中国特色社会主义的意识形态，这个意识形态是鲜明标识我国有中国特色社会主义的属性、特征和指向的，体现着马克思主义理论的指导地位，维护着中国共产党的执政地位，反映着中国广大人民群众切实的精神文化需求。意识形态决定文化建设前进的方向和发展的道路，对一个政党、一个国家、一个民族的生存发展至关重要。可以肯定的是，意识形态在最集中的意义上决定着各方面的建设和发展。习近平指出：“能够做好意识形态工作，事关党的前途命运，事关国家长治久安，事关民族凝聚力和向心力。”②可见意识

①习近平：《习近平谈治国理政》（第二卷），外文出版社，2017，第331页。

②中共中央宣传部编《习近平新时代中国特色社会主义思想三十讲》，学习出版社，2018，第213页。

形态的重要性，也可见中国特色社会主义文化建设必然要坚持中国特色社会主义的意识形态的基本原则，进而确保国家整体的意识形态安全。

关于意识形态建设所面临的各方面的问题，习近平总书记指出："当前，意识形态领域形势总体上是好的。党的十八大以来，党中央召开系列重要会议，就意识形态领域的许多方向性、根本性、全局性问题作出部署，巩固和发展了主流意识形态，主旋律更响亮，正能量更强劲，扭转了意识形态领域一度出现的被动局面。同时，意识形态领域也很不平静。在国内，一些错误思潮和观点不时出现，有的人以'反思改革'为名否定改革开放，有的人借口现实中存在的问题攻击我们党的领导和我国社会主义制度，有的人极力歪曲、丑化、否定我们的党、我们的国家、我们的军队和我国革命、建设、改革的伟大成就，有的人大肆宣扬西方的价值观，有的人恶意编造、肆意传播政治谣言。国际上，西方敌对势力一直把我国发展壮大视为对西方价值观和制度模式的威胁，一刻也没有停止对我国进行意识形态渗透，千方百计利用一些热点难点问题进行炒作，煽动基层群众对党委和政府的不满，挑动党群干群对立情绪，企图把人心搞乱。"[①]因此，中国特色社会主义文化建设，要警惕来自各方面意识形态的挑战和渗透，积极弘扬主流思想文化，抵制各种错误思潮的影响，营造风清气正的思想文化环境。

中国特色社会主义文化建设必然要体现马克思主义的意识形态，

①中共中央文献研究室：《习近平关于社会主义文化建设论述摘编》，中央文献出版社，2017，第53页。

凸显我国主流意识形态建设和发展的方向，维护最广大人民群众的根本利益，确保整个意识形态安全。这是中国特色社会主义文化建设必须要遵循的基本原则，否则，就会带来思想文化界的混乱，不能起到文化对人的正确引导和精神塑造的作用。而一旦人们的思想文化发生了剧变，在人们的心底失去了主流意识形态所建构的根本的价值取向，就会造成“颜色革命”，带来十分严重的后果。苏联解体、东欧剧变就是深刻的历史教训。所以，中国特色社会主义文化建设要牢牢把握意识形态发展的正确方向，坚定广大人民群众的根本立场，树立政治意识、大局意识、核心意识、看齐意识，在政治立场、政治方向、政治原则、政治道路上，要同以习近平为核心的党中央保持高度一致，以实际行动维护好习近平总书记的核心地位，维护好中央权威和集中统一领导，这样才能保证中国特色社会主义文化建设前进和发展的正确方向。

（三）坚持以满足人民精神生活需求为出发点和落脚点

中国特色社会主义文化建设应始终坚持以满足人民精神生活需求为出发点和落脚点，这是中国特色社会主义文化建设最基本的原则。因为，文化是由人自身来创造的，是人类在漫长的生产生活实践中积累和凝练成的，体现着人们对美好生活的追求，体现着人们对各种事物的深刻认识，“文化的实质性含义是‘人化’或‘人类化’，是人类主体通过社会实践活动，适应、利用、改造自然界客体而逐步实现自身价值观念的过程。这一过程的成果体现，既反映在自然面貌、形态、功能的不断改观，更反映在人类个体与群体素质（生理与心理的、工艺与道德的、自律与律人的）的不断提高和完善”①。所以，中国特色社会主义文化建设更加应该以人为本，深耕人的内在的思想精神世界，不断提升人们的精神生活，以满足广大人民群众的精神生活需求。

关于文化满足广大人民群众的精神生活需求，我国几代中央领导人都有着十分经典的论述。毛泽东指出：“我们的文化是人民的文化，文化工作者必须有为人民服务的高度热忱，必须联系群众，而不要脱离群众。”②邓小平指出：“我们要继续坚持毛泽东提出的文艺为最广大的人民群众、首先为工农兵服务的方向，坚持百花齐放、推陈出新、洋为中用、古为今用的方针，在艺术创作上提倡不同形式和风格的自由发展，在艺术理论上提倡不同观点和学派的自由讨论。”③江泽民指出：“必须以科学的理论武装人，以正确的舆论引导人，以高尚的精神塑造人，以优秀的作品鼓舞人，不断培养和造就一代又一代有理想、有道德、有文化、有纪律的社会主义新人。”④胡锦涛指出：“要坚持发展面向现代化、面向世界、面向未来的，民族的科学的大众的社会主义文化，推动社会主义先进文化更加深入人心，推动社会主义精神文明和物质文明全面发展，不断开创全民族文化创造活力持续迸发、社会文化生活更加丰富多彩、人民基本文化权益得到更好保障、人民思想道德素质和科学文化素质全面提高的新局面，建设中华

①张岱年，方克立：《中国文化概论》，北京师范大学出版社，2004，第3页。
②《毛泽东选集》（第三卷），人民出版社，1991，第1012页。
③《邓小平文选》（第二卷），人民出版社，1994，第210页。
④江泽民：《论党的建设》，中央文献出版社，2001，第125页。

民族共有精神家园。”①

习近平总书记从新时代社会主义文艺建设的角度，进一步提出社会主义文艺要“坚持以人民为中心的创作导向”，指出：“人民既是历史的创造者、也是历史的见证者，既是历史的‘剧中人’、也是历史的‘剧作者’。文艺要反映好人民心声，就要坚持为人民服务、为社会主义服务这个根本方向。这是党对文艺战线提出的一项基本要求，也是决定我国文艺事业前途命运的关键。只有牢固树立马克思主义文艺观，真正做到了以人民为中心，文艺才能发挥最大正能量。以人民为中心，就是要把满足人民精神文化需求作为文艺和文艺工作的出发点和落脚点，把人民作为文艺表现的主体，把人民作为文艺审美的鉴赏家和评判者，把为人民服务作为文艺工作者的天职。”②

中国特色社会主义文化建设十分重要的基本原则，是必须要以满足广大人民群众精神生活需求为出发点和落脚点，广大人民群众的精神生活需求是中国特色社会主义文化建设最深厚、最根本、最持久的动力之源。

（四）坚持协调发展文化事业和文化产业

中国特色社会主义文化建设，还必须要坚持协调发展文化事业和文化产业的基本原则，这是确保文化建设取得实际效果的重要途径和实施方案。因为文化建设最终一定要通过文化事业和文化产业作为载体，没有文化事业和文化产业的支撑，文化建设就会非常虚、非常

①胡锦涛：《在庆祝中国共产党成立90周年大会上的讲话》，人民出版社，2011，第24页。
②习近平：《习近平谈治国理政》（第二卷），外文出版社，2017，第314—315页。

飘，不能广泛地深入到广大人民群众中去，也不能带来广泛而深刻的社会影响。所以，文化事业和文化产业是中国特色社会主义文化建设不可忽略的重要途径，是构成中国特色社会主义文化建设一个十分重要的基本原则。

关于中国特色社会主义文化建设要协调好发展文化事业和文化产业的基本原则，我们党的几代领导人对此看得十分透彻。毛泽东指出："只讲个人消费，不讲社会的消费，不讲公共的文化福利事业。这是一种片面性。"①邓小平认为："文化也是一门行业，一个领域，这个领域是为劳动者服务的行业。随着生产的发展，精神方面的需要也就增大了。"②江泽民指出："国家支持和保障文化公益事业，并鼓励它们增强自身发展活力。坚持和完善文化公益事业发展的政策措施，扶持党和国家重要的新闻媒体和社会科学研究机构，扶持体现民族特色和国家水准的重大文化项目和艺术院团，扶持对重要文化遗产和优秀民间艺术的保护工作，扶持老少边穷地区和中西部地区的文化发展。"③同时，江泽民指出："发展文化产业是市场经济条件下繁荣社会主义文化、满足人民群众精神文化需求的重要途径。完善文化产业政策，支持文化产业发展，增强我国文化产业的整体实力和竞争力。"④胡锦涛指出："大力发展文化事业和文化产业，为人民群众提供更多更好的文化产品和文化服务，满足人民群众日益增长的精神文

---

①中共中央宣传部中央文献研究室：《论文化建设——重要论述摘编》，学习出版社，2012，第76页。

②中共中央文献研究室编《邓小平年谱（1975—1997）》（上），中央文献出版社，2004，第361页。

③《江泽民文选》（第三卷），人民出版社，2006，第561页。

④《江泽民文选》（第三卷），人民出版社，2006，第561页。

化需求，提高全社会的文化生活质量，是宣传文化部门担负的重要任务。”[①]

习近平结合新时代背景，针对文化事业和文化产业的发展，特别是关于具体的改革方面，指出：要“加强文化公共服务体系建设，推进文化体制改革，深化公益性文化事业单位改革。加快发展文化产业，提高文化产业规模化、集约化、专业化水平。组织开展多种形式的面向基层的文化活动和全民健身运动，着力丰富群众文化生活”[②]。要“继续推进文化体制改革，着力建设现代公共文化服务体系和现代文化市场体系，促进文化繁荣发展。制定国家公共文化服务标准和指标体系，促进基本公共文化服务标准化、均等化。继续实施文化惠民工程，推进基层公共文化设施共享共建，鼓励社会力量和资本参与公共文化服务体系建设。推进国有经营性文化单位转企改制。实施中华文化传承工程，加强全国爱国主义教育示范基地建设和管理”[③]。可以看出，习近平总书记着重从文化体制改革的角度，进一步推进文化事业和文化产业的协调发展，为中国特色社会主义文化建设的繁荣提供了更为有效的途径支撑。

更为重要的是，习近平总书记对文化体制改革的总方向、总原则作了十分明确的指示，他指出：“关于文化体制改革，我只强调一点，就是要在继续大胆推进改革、推动文化事业全面繁荣和文化产业

①中共中央宣传部中共中央文献研究室：《论文化建设——重要论述摘编》，学习出版社，2012，第85页。

②中共中央文献研究室：《习近平关于社会主义文化建设论述摘编》，中央文献出版社，2017，第185页。

③中共中央文献研究室：《习近平关于社会主义文化建设论述摘编》，中央文献出版社，2017，第188页。

快速发展、建设社会主义文化强国的同时，把握好意识形态属性和产业属性、社会效益和经济效益的关系，始终坚持社会主义先进文化前进方向，始终把社会效益放在首位。无论改什么、怎么改，导向不能改，阵地不能丢。”①这为我们在新时代进一步推进中国特色社会主义文化建设，加强文化事业和文化产业的协调发展，提供了强有力的指导。

综上所述，中国特色社会主义文化建设并不是只务虚，停留在人们的思想精神中，还要务实，从具体的文化事业和文化产业上为中国特色社会主义文化建设提供强有力的支持和保障。总之，中国特色社会主义文化建设必须要协调好文化事业和文化产业的关系，才能不断推进文化事业和文化产业的大发展和大繁荣。

①中共中央文献研究室：《习近平关于社会主义文化建设论述摘编》，中央文献出版社，2017，第185页。

第四章
中国特色社会主义文化建设的探索历程与基本经验

改革开放40年来，我们党在文化建设新的伟大实践中，在继承以往文化建设理论与实践的基础上，对当代中国文化发展路径进行了新的探索。从党的十五大提出中国特色社会主义文化的基本纲领，到党的十七大提出推动社会主义文化大发展大繁荣，提高国家文化软实力，再到党的十七届六中全会和党的十八大、十九大提出“建设社会主义文化强国”的奋斗目标，这说明党在新形势下关于中国特色社会主义文化建设的目标和方向越来越明确。中国特色社会主义文化发展道路的开辟，凝结着几代中国共产党人的智慧和心血，是新时代党在文化建设上领导人民万众一心，共同奋斗所取得的重大成果。在持续推进文化建设的同时，我们积累了丰富的经验。这些经验的取得离不开我们党在探索中国特色社会主义文化发展道路中的辛苦付出。将这些经验进行系统的提炼、概括和总结，对中国特色社会主义文化建设事业的长远发展具有十分重要的理论价值和现实意义。

一、中国特色社会主义文化建设的探索历程

新中国成立后，以毛泽东为核心的中央领导集体对中国社会主义文化建设的探索，提出的一些基本思想，对我国文化事业的发展起到了积极的指导作用，成为新时代中国特色社会主义文化发展道路形成的基础。改革开放40年来，我们党在文化建设新的伟大实践中，在继承以往文化建设理论与实践的基础上，对当代中国文化发展路径进行了新的探索。从党的十五大提出中国特色社会主义文化的基本纲领，到党的十七大提出推动社会主义文化大发展大繁荣，提高国家文化软实力，再到党的十七届六中全会和党的十八大、十九大相继提出“建设社会主义文化强国”的奋斗目标，这说明在新形势下关于中国特色社会主义文化建设的目标和方向越来越明确。中国特色社会主义文化发展道路的开辟，凝结着几代中国共产党人的智慧和心血，是新时代党在文化建设上领导人民万众一心，共同奋斗所取得的重大成果。

（一）以毛泽东为代表的中国共产党人的初步探索

毛泽东在中国新文化建设中表现了高度的文化自觉与文化自信，坚持以马克思主义为指导，把荡涤封建文化、建设民族的科学的大众的新文化作为文化纲领，明确了中国新文化的指导思想和基本特征，并总结文化发展的经验教训，提出了繁荣发展社会主义文化的“双百”方针，确定了文化为人民服务的发展目标，坚持了文化发展的正确方向，对中国文化事业尤其是先进文化建设中的带有方向性、根本性、战略性的重大问题进行了积极的探索，深刻地影响了中国新文化

建设的实践，成为中国特色社会主义文化发展道路探索的历史起点。

1. 明确了中国新文化的指导思想

文化的先进性在于它的功能是团结人民、教育人民，这种功能是通过把观念的文化变成实践的文化来实现的。毛泽东说：“文艺很好地成为整个革命机器的一个组成部分，作为团结人民、教育人民、打击敌人、消灭敌人的有力的武器，帮助人民同心同德地和敌人作斗争。”①当然，先进的文化不可能在人民群众中自发地产生，也不可能被人民群众自觉地掌握，所以必须通过宣传、教育和组织群众来争取、巩固和扩大自己的阵地，成为社会前进的物质力量。让人们掌握先进的思想武器是文化建设最重要的一环。

马克思主义在我国指导地位的确立是中国革命实践检验的结果，在中共七大上就已明确了。社会主义制度确立后，尤其是苏共二十大之后，毛泽东更加强调马克思主义这一地位的重要性，要不要确立马克思主义的指导地位是关系国家前途和命运的头等大事，是关系社会主义事业成败的关键。他指出：“毫无疑问，我们应当批评各种各样的错误思想，不加批评，看着错误思想到处泛滥，任凭他们去占领市场，当然不行。有错误就得批判，有毒草就得进行斗争。”②毛泽东特别强调马克思主义的指导地位除了国内的原因以外，更主要的是与当时苏联的情况有关。众所周知，苏联是世界上第一个社会主义国家，是马克思主义由科学变为现实的最佳证明，然而马克思主义在苏联的指导地位并不稳固，其动摇是从赫鲁晓夫开始的，从赫鲁晓夫

---

①《毛泽东选集》（第三卷），人民出版社，1991，第848页。

②《毛泽东文集》（第七卷），人民出版社，1999，第232—233页。

全盘否定斯大林的这一迹象中，毛泽东已敏锐地感觉到苏联新领导人对待自己党的历史态度将会发生变化。在中共八届二中全会上，毛泽东提出了中国绝不能丢“两把刀子”的论断，他说：“我看两把‘刀子’：一把是列宁，一把是斯大林。现在，斯大林这把刀子，俄国人丢了。……列宁这把刀子现在是不是也被苏联一些领导人丢掉了一些呢？我看也丢掉相当多了。十月革命还灵不灵了？还可不可以作为各国的模范？苏共二十次代表大会赫鲁晓夫报告说，可以经过议会道路去取得政权，这就是说，各国可以不学十月革命了。这个门一开，列宁主义就基本上丢掉了。”①丢掉了这两把“刀子”，就成了修正主义。毛泽东在《再论无产阶级专政的历史经验》中提出了反对修正主义的问题，他强调要批评斯大林，又要防止修正主义的倾向。实际上苏联丢掉两把“刀子”就滑向了修正主义，毛泽东指出修正主义的本质是以否定马克思主义的基本原理对待马克思主义。经过中苏十年论战，毛泽东对苏联修正主义的认识更清楚了，因此，毛泽东强调“中国绝不能丢掉这两把刀子”，中国社会主义的繁荣与发展及其思想文化建设，都必须以马克思主义作为国家的指导思想。要真正做到这一点，必须正确对待马克思主义，既要批判教条主义，又要批判修正主义。“不应当把他们的理论当作教条看待，而应当看作行动的指南。”②并用发展的眼光对待马克思主义。

2. 明确了新文化的基本特征

关于中国新文化的基本特征或者说属性，毛泽东最先关注的是文

①中共中央文献研究室：《毛泽东著作专题摘编》，中央文献出版社，2003，第2260页。
②《毛泽东选集》（第二卷），人民出版社，1991，第533页。

化的民族性。1938年10月，毛泽东在六届六中全会上指出："我们是马克思主义的历史主义者，我们不应当割断历史。从孔夫子到孙中山，我们应当给以总结，承继这一份珍贵的遗产。"他向全党提出"学习我们的历史遗产，用马克思主义的方法给以批判的总结"的任务；呼吁"洋八股必须废止，空洞抽象的调头必须少唱，教条主义必须休息，而代之以新鲜活泼的、为中国老百姓所喜闻乐见的中国作风和中国气派"。[①]在1939年写作的《中国革命和中国共产党》一文中，他自豪地说，在中华民族的开化史上，有素称发达的农业和手工业，有许多伟大的思想家、科学家、政治家、军事家、文学家和艺术家，有丰富的文化典籍，有四大发明等，"中华民族不但以刻苦耐劳著称于世，同时又是酷爱自由、富于革命传统的民族"[②]。毛泽东重视文化的民族特征，肯定民族文化、文化民族性，提倡文化的民族形式，与当时中华民族面临亡国灭种的抗战大背景有关。从文化救亡的角度，高举民族旗帜，强调民族文化自信，有着现实的紧迫性。毛泽东对中国新文化的特征作出明确界定是在《新民主主义论》一文中。他运用马克思主义原理，总结中国共产党文化建设的实践经验，批判地吸收国内文化思想界不同流派有价值的思想养料，第一次系统、全面地回答了"五四"以来涉及中国文化现代化发展的一系列根本问题，提出了中国新文化建设的纲领，即"民族的、科学的、大众的文化"，"为国人进行民族新文化建设提供了一个光明而正确的方向"[③]。所

①《毛泽东选集》（第二卷），人民出版社，1991，第533—534页。
②《毛泽东选集》（第二卷），人民出版社，1991，第622—623页。
③杨思信：《文化民族主义与近代中国》，人民出版社，2003，第402页。

谓民族性，就是尊重文化的继承性规律，以坚持和弘扬民族文化的优秀传统为主体，同时吸收外来有益文化，以我为主，为我所用。毛泽东说："这种新民主主义的文化是民族的。它是反对帝国主义压迫，主张中华民族的尊严和独立的。它是我们这个民族的，带有我们民族的特性。"它带有中华民族所特有的精神品格，有利于提高民族自信心，增加民族凝聚力。同时，"中国应当大量吸收外国的进步文化，作为自己文化的食粮的原料"。"凡属我们今天用得着的东西，都应该吸收。"前提是必须和中国的特点相结合，经过一定的民族形式，才有用处，决不能主观地公式地应用它。"中国文化应有自己的形式，这就是民族形式。""所谓'全盘西化'的主张，乃是一种错误的观点。"①毛泽东不仅批判了新文化运动中出现的"全盘西化派"，而且批判了党内存在的脱离中国实际的教条主义倾向。新中国成立后，毛泽东依然坚持这个观点。他在《论十大关系》中说："我们的方针是，一切民族、一切国家的长处都要学，政治、经济、科学、技术、文学、艺术的一切真正好的东西都要学。但是，必须有分析有批判地学，不能盲目地学，不能一切照抄，机械搬运。他们的短处、缺点，当然不要学。"②

中国新文化不是"自闭于幽谷"的旧文化，而是在继承"从孔夫子到孙中山"的全部优秀民族文化遗产的丰厚底蕴和广泛吸收进步的外国文化资源基础上，开放的、创新的民族新文化。

所谓科学性，就"是反对一切封建思想和迷信思想，主张实事求

①《毛泽东选集》（第二卷），人民出版社，1991，第706—707页。
②《毛泽东文集》（第七卷），人民出版社，1999，第41页。

是，主张客观真理，主张理论和实践一致的”。“清理古代文化的发展过程，剔除其封建性的糟粕，吸收其民主性的精华，是发展民族新文化提高民族自信心的必要条件；但是决不能无批判地兼收并蓄。”“中国现时的新文化也是从古代的旧文化发展而来，因此，我们必须尊重自己的历史，决不能割断历史。但是这种尊重，是给历史以一定的科学的地位，是尊重历史的辩证法的发展，而不是颂古非今，不是赞扬任何封建的毒素。”[①]科学的文化，是以科学的世界观方法论为指导，以合理先进的价值体系为主要内容，以科学的精神和态度对待一切事物的思想文化。

所谓文化的大众化，“即是民主的。它应当为全民族中百分之九十以上的工农劳苦民众服务，并逐渐成为他们的文化”。毛泽东提出的“文化的大众化”，是从文化主体和功能的角度，对新文化总体价值取向作出的基本定位。首先，文化的源泉是人民大众。毛泽东指出，“文化运动和实践运动，都是群众的”，“民众就是革命文化的无限丰富的源泉”。其次，要实现文化和人民大众的结合，使新文化变成人民大众的有力精神武器。“革命文化，对于人民大众，是革命的有力武器。”“革命的文化人不接近民众，就是‘无兵司令’。”为了方便工农劳苦民众掌握文化，“文字必须在一定条件下加以改革，言语必须接近民众”。所以，民族的、科学的、大众的新文化，就是要具有民族的形式、科学的内容、大众的方向。

新中国成立后，虽然新民主主义文化随着党的中心任务的转移，

---

①《毛泽东选集》（第二卷），人民出版社，1991，第707—708页。

具体内容有所变化，但它所强调的文化的民族形式、科学内容和大众的方向，所体现的新文化的精神实质，毫无疑问代表了现代文化的本质要求和先进文化的发展方向，因此，新中国的施政纲领——《共同纲领》确认其为文化政策，要求人民政府的文化教育工作，应以提高人民文化水平，培养国家建设人才，肃清封建的、买办的、法西斯主义的思想，发展为人民服务的思想为主要任务。

3. 提出了中国新文化的发展方针

“百花齐放、百家争鸣”是繁荣社会主义文化事业的基本方针。“双百”方针吸取了我国历史上学术、文化发展的经验，总结了党领导科学文化工作的经验和教训，也借鉴了外国党领导科学文化工作的经验和教训，是一个符合社会主义科学文化发展客观规律的方针。它的主旨和精神实质是要把文化界的一切积极因素都调动起来，创造丰富的文化产品，为人民服务，为社会主义建设服务。

“双百”方针是适合当时国情提出的。1956年，社会主义制度建立，党和国家的中心任务是发展社会生产力，实现国家工业化。作为上层建筑领域的科学文化必须与当时生产力发展相适应，而文化在社会制度更替过程中，又始终具有连续性和延伸性，其发展往往滞后于生产力。毛泽东在1956年提出“双百”方针，是作为政治思想上的一条政策提出来的，“实际上解决了党对意识形态领域、对文化艺术、科学技术领导，以及整个政治体制、上层建筑如何建设的问题”①。从这个意义上讲，“双百”方针的提出是针对生产力发展的需要，是针

①《说不尽的毛泽东——百位名人学者访谈录》（下册），中央文献出版社，1995，第48页。

对上层建筑领域的调节，因此具有改革的性质。

“双百”方针的提出，是针对当时科学文化工作中的教条主义和宗派主义倾向的改革。新中国成立初期，在科学文化领域曾出现种种压制和限制文化发展的现象，如用行政手段粗暴干涉理论研究和艺术创作自由；只允许发展一种学派，不允许发展另一种学派；在学术和艺术问题上打棍子、扣帽子等。使思想僵化，科学文化发展被窒息，文化界的这种状态必须要打破、要改革。正是在这种情况下，毛泽东提出了“双百”方针，毛泽东指出：“百花齐放、百家争鸣的方针，是促进艺术发展和科学进步的方针，是促进我国社会主义文化繁荣的方针。艺术上不同的形式和风格可以自由发展，科学上不同的学派可以自由争论。利用行政力量，强制推行一种风格，一种学派，禁止另一种风格，另一种学派，我们认为会有害于艺术和科学的发展。艺术和科学中的是非问题，应当通过艺术界科学界的自由讨论去解决，通过艺术和科学的实践去解决，而不应当采取简单的方法去解决。”①到1956年4月至5月，“双百”方针被确定为党和国家在科学文化工作中的一条基本方针，并加以宣传和贯彻执行。随后，我国整个科学文化事业呈现出一派生机勃勃的景象。“双百”方针的提出，打破了文化界的僵化状态，实现了科学文化的自我发展和完善及学术自由，这一方针是文化领域的一项重大改革，符合事物发展的客观规律。

“双百”方针的提出是为改革因盲目学习苏联而出现的某些弊端。20世纪50年代初，在文化领域的建设中，我们基本上是学苏联

①《毛泽东文集》（第七卷），人民出版社，1999，第229页。

的，由于片面的仿效，造成了许多不良后果；另外在学的过程中，也发现了苏联的一些弊端。在苏联，曾经有人机械地曲解辩证唯物主义的党性原则，尤其在生物学界，李森科以坚持辩证唯物主义为名，粗暴地宣判遗传学的摩尔根学派是所谓“反社会主义”的“伪科学”，毛泽东认为这违背了科学发展规律。斯大林时代，从思想意识形态范畴直到政治领域，都实行高压政策，体现在实际生活中，就是文化思想上高度集中的专制主义。苏共二十大后，苏联暴露的问题引起了毛泽东的认真思考，他提出了“双百”方针，不用行政命令的方法，允许科学上的文学艺术上的多样性，允许各种观点、流派齐放和争鸣，促进社会主义科学文化事业的发展。毛泽东指出：“百花齐放是一种发展艺术的方法，百家争鸣是一种发展科学的方法。百花齐放、百家争鸣这个方针不但是使科学和艺术发展的好方法，而且推而广之，也是我们进行一切工作的好办法。”[①]那么，百花齐放、百家争鸣是否应有标准或限度呢？毛泽东提出的区分两类不同性质的矛盾，正确处理人民内部矛盾就是这个标准和界限，即凡属人民内部矛盾性质的都应百花齐放、百家争鸣。为了促进民主和帮助人民对各种问题的自由讨论，毛泽东提出了在我国人民的政治生活中判断人们的言论和是非的六条政治标准。毛泽东提出“双百”方针，再加上区分两类矛盾就基本上解决了党如何领导意识形态的问题，从这个意义上讲，毛泽东的“双百”方针无疑是对苏联模式弊端的改革。

“双百”方针的提出，顺应了繁荣文化艺术、发展科学技术的时

①《毛泽东文集》（第七卷），人民出版社，1999，第279页。

代要求，反映了当时我国政治稳定、经济发展、人民团结、社会进步的国家形象，反映了党中央和毛泽东的一种信心。它一经提出，立即在知识界引起强烈反响，使学术文化事业出现了生气勃勃的发展景象。尽管这一方针在贯彻执行中曾受到"左"的干扰，但由于它正确地反映了学术文化发展的规律和时代的特征，所以"大大促进了文学、艺术、哲学、社会科学、自然科学、技术科学的发展和繁荣，半个世纪以来在这些文化领域所取得的成就是巨大的，无论数量或质量都是前人所不可企及的，有些已达到或接近世界先进水平"[①]。哲学社会科学领域和自然科学领域取得的令人瞩目的成就，证明了"双百"方针的正确。

4. 确立了中国新文化的发展目标

文化建设的出发点和落脚点是人，离开了人来谈文化，离开了人的文化素质、文明素质、精神面貌来谈文化建设，就会忽略文化建设的根本，因此，就有一个文化为了谁、依靠谁、服务谁的问题。毛泽东认为，中国的新文化决不应该是"少数人所得而私"[②]的文化，应该为人民服务。列宁在1905年发表的《党的组织和党的出版物》一文中提出了文学事业要"为千千万万劳动人民，为这些国家的精华、国家的力量、国家的未来服务"[③]的思想。列宁关于文化的功能的主张对毛泽东产生了深刻影响，[④]并结合中国实际进行丰富和发展。1938年4月28日，毛泽东在《在鲁迅艺术学院的讲话》中谈到了艺术作品的内容

①张岱年，方克立主编《中国文化概论》，北京师范大学出版社，2004，第348页。

②《毛泽东选集》（第三卷），人民出版社，1991，第1058页。

③《列宁选集》（第一卷），人民出版社，1995，第666页。

④胡乔木：《胡乔木回忆毛泽东》，人民出版社，1994，第58页。

要适合时代，要适合大众的要求。他说："艺术至上主义者是只注重味道好不好吃，不管有没有营养，他们的艺术作品内容常常是空虚的或者有害的。艺术作品要注重营养，也就是要有好的内容，要适合时代的要求，大众的要求。"[①]1942年5月，毛泽东发表了著名的《在延安文艺座谈会上的讲话》，主要解决文艺"为什么人"和"如何为"的问题。他开宗明义，"为什么人的问题，是一个根本问题，原则的问题"。"我们的文学艺术都是人民大众的，首先是为工农兵的，为工农兵而创作，为工农兵所利用的"。[②]工人、农民、八路军、新四军和其他人民武装队伍，城市小资产阶级劳动群众和知识分子，"这四种人，就是中华民族的最大部分，就是最广大的人民大众"[③]。文艺如何为大众、为工农兵服务？毛泽东认为，文艺工作者为人民群众服务的前提是深入了解和熟悉群众生活。生活是文艺的唯一源泉，"观察、体验、研究、分析一切人，一切阶级，一切群众，一切生动的生活形式和斗争形式，一切文学和艺术的原始材料，然后才有可能进入创作过程"[④]。文艺工作者只有深入生活，深入群众，从中吸取艺术养分，和人民群众同呼吸、共命运，才能创造出具有永恒魅力的经典之作。这就解决了文化与人民群众的关系问题，阐明了人民在文化建设中的主体作用。

文艺为什么人服务的问题关系中国文化的前途，毛泽东始终旗帜鲜明。1944年1月9日，他在《给杨绍萱、齐燕铭的信》中写道："历

①《毛泽东文集》（第二卷），人民出版社，1993，第122—123页。
②《毛泽东选集》（第三卷），人民出版社，1991，第863页。
③《毛泽东选集》（第三卷），人民出版社，1991，第855—856页。
④《毛泽东选集》（第三卷），人民出版社，1991，第861页。

史是人民创造的，但在旧戏舞台上（在一切离开人民的旧文学旧艺术上）人民却成了渣滓，由老爷太太少爷小姐们统治着舞台，这种历史的颠倒，现在由你们再颠倒过来，恢复了历史的面目。”①

关于艺术与政治的关系，毛泽东明确指出，世界上“一切文化或文学艺术都是属于一定的阶级，属于一定的政治路线的”。“文艺是从属于政治的，但又反转来给予伟大的影响于政治”，因此，“我们的要求则是政治与艺术的统一，内容与形式的统一，革命的政治内容和尽可能完美的艺术形式的统一”。又说：“缺乏艺术性的艺术品，无论政治上怎样进步，也是没有力量的。”②

正是在毛泽东文艺方针指导下，延安的革命文艺开始真正与广大工农兵群众相结合，许多来自上海亭子间的文艺工作者走到工农兵群众中去，同人民群众相结合，虚心学习人民的思想、感情和立场，致力于表现新的人物、新的世界。同时注意形式和内容的结合，同民族的、特别是民间的文艺传统保持了密切的血肉关系，语言上也做到了相当的大众化。如创作秧歌、快板书、春联、小调、章回小说、年画等。在教育方面，设识字组，编写普及生产知识的教材，让农民学会打算盘、记账、写信、写路条，提高农民文化水平。总之，毛泽东致力于文化生产者的工农化，文化品格的大众化。这种文化形态与当时的革命环境高度契合，创造了历史上从未有过的崭新的人民文化，把革命文化运动推进到了一个新阶段。正是通过这些通俗易懂的文化形式为广大人民丰富了文化生活，廓清了思想上的迷雾，起到了安定人

①中央文献研究室：《毛泽东书信选集》，中央文献出版社，2003，第199页。
②《毛泽东选集》（第三卷），人民出版社，1991，第865—870页。

心、凝聚力量、鼓舞斗志的作用，从而为党领导人民夺取抗日战争和解放战争的胜利奠定了思想基础。

新中国成立，建立的是人民的国家，毛泽东向往的新文化形态自然是“人民的文化”，即劳动人民实现文化翻身，文化向劳动人民敞开大门，为劳动人民服务，打破知识精英垄断文化的格局。1949年7月，全国文学艺术工作者第一次代表大会召开，毛泽东要求全中国一切爱国的文艺工作者团结起来，“进一步联系人民群众，广泛地发展为人民服务的文艺工作，使人民的文艺运动大大发展起来”[①]。大会确立了新中国文艺为人民服务首先为工农兵服务的方向，开启了新中国人民文艺的高潮。以此为契机，人民文化、人民艺术、人民教育等文化事业蓬勃开展。“1960年全国文学艺术工作者第三次代表大会进一步确认：在为工农兵服务、为社会主义服务的方向下，实行百花齐放、百家争鸣、推陈出新的政策，是发展我国社会主义文学艺术的最正确、最宽广的道路。”[②]这是对社会主义文化中“二为”方向的正式概括，是对延安时期文化建设思想的进一步阐发。

综上所述，作为党的第一代中央领导集体核心的毛泽东，在开辟“马克思主义中国化”道路的同时，坚持以马克思主义为指导，把荡涤封建文化、建设民族的科学的大众的新文化作为文化纲领，发挥人民在文化建设中的主体作用，创造出以延安革命文艺为代表的中国先进文化，并总结文化发展的经验教训，提出了繁荣发展社会主义文化

①中共中央文献研究室编《毛泽东年谱》（下卷），人民出版社、中央文献出版社，1993，第525页。

②《建国以来重要文献选编》（第十五册），中央文献出版社，1997，第365页。

的“双百”方针，坚持了文化发展的正确方向，对中国文化事业尤其是先进文化建设中的带有方向性、根本性、战略性的重大问题进行了积极的探索，深刻地影响了新中国文化建设的实践，成为中国特色社会主义文化发展道路探索的历史起点。同时也应看到，由于历史时代局限，毛泽东晚年的文化探索比较明显地存在着理性认识与实践操作相脱节的问题，提出的一些文化建设思想在实践中没有得到严格遵守和真正执行。而且，由于当时的国际形势与“左”倾思想影响，探索中出现偏差与失误，甚至出现了“文化大革命”那样的全局性错误。但在探索中出现失误是在所难免的，毛泽东探索的成就远远大于他的过失。在今天，无论是成功的经验，还是失误的教训，都已成为我国社会主义建设的宝贵精神财富，仍对当代社会主义实践有着重要的现实意义。

（二）以邓小平为代表的中国共产党人的稳步构建

改革开放后，邓小平顺应历史潮流和时代发展要求，用辩证思维方式和“两手抓”的方法，提出在建设高度物质文明的同时，建设高度的社会主义精神文明，明确了“为人民服务、为社会主义服务”的“二为”方向，努力探索中国特色社会主义文化发展新道路，为中国特色社会主义建设指明了方向，注入了动力。

1．建立精神和物质共同发展的文化模式

从1966年到1976年，十年特殊历史时期的国内环境发生重大变化，一系列的错误思想干扰了我国的文化建设，使得我党提出的“百花齐放、百家争鸣”的方针政策未能得以贯彻落实，随之而来的国内经济生活水平急剧下降，科学文化教育事业无法正常开展，导致整个国家到处涌动着震荡和无序。

邓小平从新中国成立初期所取得的成绩和十年"文化大革命"给国家建设带来的巨大创伤中深刻地明白，"全党把工作重点转移到社会主义现代化建设上来，在坚持四项基本原则的基础上，集中力量发展社会生产力，这是最根本的拨乱反正"[①]。经济基础决定着上层建筑，文化作为上层建筑的一种表现，其发展受经济建设的影响很大。经济方面建设好了以后，才有可能以强大的经济后盾为科学、教育、文艺事业的发展进行经济上的投入，在科学教育、文艺事业得到提高和发展之后，为经济提供优秀的人才，进一步促进经济的发展，与此同时，不断上升的文化消费需求也能够拉动经济的增长。因此，精神文明建设与经济建设应相辅相成。邓小平于1979年10月指出："我们的国家已经进入社会主义现代化建设的新时期，我们要在大幅度提高社会生产力的同时，改革和完善社会主义的经济制度和政治制度，发展高度的社会主义民主和完备的社会主义法制，我们要在建设高度物质文明的同时，提高全民族的科学文化水平，发展高尚的丰富多彩的文化生活，建设高度的社会主义精神文明。"[②]这就表明了精神文明建设已经上升到同物质文明相联系的一个重要的战略地位，充分体现出马克思主义的唯物辩证法思想，也体现出中国特色社会主义文化建设具有的显著特点。

另外，当邓小平察觉到我党内部出现的腐败现象以及物质文明和

①《邓小平文选》（第三卷），人民出版社，1993，第141页。
②《邓小平文选》（第二卷），人民出版社，1994，第208页。

精神文明之间的发展关系存在难以平衡等问题时，又一次强调了文化发展的突出重要性："不加强精神文明建设，物质文明的建设也要受到破坏、走弯路。光靠物质条件，我们的革命和建设都不可能胜利。"[①]从物质和精神之间、政治文化之间等多种角度出发，提出了"两手抓"的思想，为我国的文化建设事业提供了动力。邓小平紧紧把握国家的命运，跟随时代主题，总结我国社会主义文化建设中出现的经验教训，并结合毛泽东思想，形成了以精神文明建设为核心的文化建设理论，并逐步开始对文化建设理论进行探索和实践。从精神文明建设的角度出发，根据文化的发展形式，把社会主义精神文明建设分为思想道德建设和教育科学文化建设。思想道德是精神文明的核心，发展科学教育是文化建设的重要途径。把教育科技当成发展重点，为社会主义文化建设开创了新局面，也为我国社会主义发展指明了前进的方向。

2. 明确文化发展的"三个面向"根本目标

1983年9月，邓小平为北京景山学校题词时，提出针对教育发展、同时也是针对文化建设而言的"三个面向"，体现了对中国文化建设发展的指导作用和深远影响。

"面向现代化"体现了精神文明建设本身所具有的目的性，建设一个怎样的社会主义国家，结果是清晰明了的，通过对精神文明的不断努力建设，使得我们这个社会能够朝着一个具有现代化主题色彩的方向不断发展，社会主义现代化的建设目标为中心，为物质文明的

① 《邓小平文选》（第三卷），人民出版社，1993，第144页。

发展建设服务，稳固我国的经济基础，才能使我国摆脱贫穷落后的命运，通过提高国民文化素质，培养出为社会主义现代化建设服务的“四有”公民。

“面向世界”所展现出来的则是一种视域范围上的广度和宽度，这种视域范围是建立在世界领域的大环境下的，从中可以看出，文化的发展必须要符合国际环境的发展趋势才能够进行下去。改革开放以来，中国已经逐渐走出闭关锁国的困境，与世界建立了广泛联系，中国的发展需要来自世界各方面的友好支持，而世界的发展也同样离不开中国。如果我们还不能敞开胸怀接受国外的优秀文化，对于我们国内的人才培养来说，也是一种巨大损失，人才与世界的脱轨，从个人角度来讲，失去了突破自我、继续发展的可能空间，从国家的整体利益角度出发，国家发展步伐的迟缓不前，也注定了终将被世界淘汰的结局。建设中国特色社会主义文化必须有包容的气魄，还应具备全球化的发展眼光。在立足我国国情的基础上，吸收借鉴国外的优秀文化，才能在发扬我国优秀传统文化的同时真正地面向世界。

“面向未来”则是采取发展变化的观点去处理问题，对待问题的出现，首先要承认问题的客观现实性，以客观的态度去认识问题，再以发展的观点分析问题的因果性，以变化的角度预见问题的可能性，掌握问题发展变化的趋势。面对社会主义现代化建设中无法预见的不同问题，应明确坚定的发展方向，制定正确的政策计划，分析在未来建设的过程中可能会遇到的挫折与挑战，沉着应对，稳步前进。我们在吸取外国的发展经验为我国的发展建设服务的同时，要避免出现重复的错误。

社会生产力的发展应符合人们对社会生活的基本要求，对于那些无法满足人们社会生活的生产力发展节奏，就应适时进行调整，不断根据国内外的发展形势审时度势敏锐地作出决策判断，为我国社会主义现代化建设树立明确的目标，为文化建设开拓新的发展思路。

3．恢复文化的“双百”发展方针

新中国成立初期，毛泽东提出“百花齐放，百家争鸣”的思想文化发展方针，极大地解放了文化生产力，出现了文化繁荣发展的局面。邓小平对此非常支持和赞成，指出我们不能像苏联那样，把文化搞得太死了，太单纯了，只有搞“百花齐放，百家争鸣”，各种意见表达出来，进行争辩，“才能真正发展马克思主义，发展辩证唯物主义”。改革开放后，邓小平重新恢复了“双百”方针，指出：“思想理论问题的研究和讨论，一定要坚决执行百花齐放，百家争鸣的方针，一定要坚决执行不抓辫子、不戴帽子、不打棍子的‘三不主义’的方针，一定要坚决执行解放思想、破除迷信、一切从实际出发的方针。”[①]

针对资产阶级自由化思想，他指出，“双百”方针同四项基本原则是统一的而不是对立的，要在坚持四项基本原则的前提下，努力发展学术自由和创作自由，努力创造一种勇于探讨和创新的气氛，增进不同学术、艺术观点之间的相互了解、相互借鉴。科学文化领域里的是非，最终要靠实践来评判，他强调“不搞任何运动和‘大批判’”，主张以说服教育为主的方针，经常展开批评与自我批评。

---

①《邓小平文选》（第二卷），人民出版社，1994，第183页。

4．重申文化的“二为”发展方向

邓小平不仅重申了毛泽东关于文艺为最广大的人民群众、首先为工农兵服务的思想，而且还提出文化为一切劳动人民服务的思想。在《在中国文学艺术工作者第四次代表大会上的祝词》中，邓小平重申了艺术实践必须“为人民服务，为社会主义服务”的原则。为人民服务，是指为包括工人、农民、士兵、知识分子、干部和一切拥护社会主义、热爱祖国的人民群众服务；为社会主义服务，就是为社会主义的政治、经济、文化、军事等各项事业的根本需要服务，为建设有中国特色社会主义事业服务。这个原则既规定了文化建设的社会主义性质，也指出了文化建设的根本方向和价值取向。针对有些人热衷脱离社会主义抽象谈论人性、人道主义和异化等问题，他指出，“思想战线不能搞精神污染”[①]，并指出精神污染的实质是“散布形形色色的资产阶级和其他剥削阶级腐朽没落的思想，散布对于社会主义、共产主义事业和对于共产党领导的不信任情绪”[②]。他强调文化建设一定要用马克思主义思想进行分析、鉴别和批判，提高精神产品生产的质量，自觉抵制西方资本主义文化的侵蚀，“我们采取的各方面的政策，都是为了发展社会主义，为了将来实现共产主义”[③]。

邓小平从我国的历史、国情和人民群众“有多样的生活习俗、文化传统和艺术爱好”的实际情况出发，指出文艺表现人民群众的生活和斗争的内容与形式应该是多种多样的。在邓小平看来，文艺工作者

①中共中央文献研究室编《邓小平年谱》（1975—1979）（下），中央文献出版社，2004，第939页。

②《邓小平文选》（第三卷），人民出版社，1993，第40页。

③《邓小平文选》（第三卷），人民出版社，1993，第112页。

的天地是非常广阔的，他们应以满腔热情和高度的责任感深入生活，通过艺术形象和符号反映出现代化建设中的新人、新事物和新思想，文学艺术必须扎根人民才能有其生命与意义："一切进步文艺工作者的艺术的生命，就在于他们同人民之间的联系，忘记、忽略或是割断联系，艺术生命就会枯竭。人民需要艺术，艺术更需要人民。自觉地在人民的生活中吸取题材、主题、情节、语言、诗情和画意，用人民创造历史的奋发精神来哺育自己，这就是社会主义文艺事业兴旺发达的根本道路。"①因此"为人民服务，为社会主义服务"这一方针对文化艺术的发展既是一种规范和要求，更是一种巨大的推动，不仅符合我国现阶段的社会实际，也符合文学艺术自身发展的规律，同时也体现了社会主义制度的优越性，因此我们建设中国特色社会主义事业必须坚持"二为"方向，广大文化工作者应该自觉地努力践行这一方针。

邓小平文化建设思想是在我国改革开放以来文化建设实践的基础上形成的，是对新时期文化建设实践经验的总结。邓小平站在时代发展的高度，以整个世界的发展格局为参照系，思考和谋划中国的文化建设。邓小平立足现实、放眼世界，在总结中外历史经验和我国丰富的现实经验的基础上形成了中国特色的文化建设思想。

（三）以江泽民为代表的中国共产党人的逐步巩固

江泽民对中国特色社会主义文化建设的探索，是在我国改革开放

①涂途、吴开英：《邓小平文艺理论读本》，中共中央党校出版社，1998，第46页。

和社会主义现代化建设的伟大实践中，在批判继承中国传统文化，继承马列主义文化思想、毛泽东文化思想、邓小平有中国特色的文化思想基础上，在总结我国文化建设正反两方面经验和改革开放以来文化建设新鲜经验的基础上形成和发展起来的。

1. 提出了建设中国特色社会主义文化的基本思想

1991年7月，在中国共产党建党70周年大会上，江泽民提出，“社会主义不仅要实现经济繁荣，而且要实现社会全面进步”，他建设性地提出了“有中国特色社会主义的经济、政治、文化，是有机统一、不可分割的整体”的科学论断，并且初步阐述了具有中国特色的、符合我国基本国情的社会主义文化建设理论。不仅提出了“中国特色社会主义文化”这一概念，还对如何建设中国特色社会主义文化、建设怎样的中国特色社会主义文化，以及在建设过程中应当坚持的基本思想原则等进行了初步概括，中国特色社会主义文化建设理论的基本轮廓就此形成。在此基础上，1997年9月，党的第十五次全国代表大会系统阐述了中国特色社会主义文化建设中的具体问题，制定了中国特色社会主义文化建设的基本纲领，科学地界定了中国特色社会主义文化的本质内涵、根本任务、基本要求、基本原则和战略措施等，系统地构建了中国特色社会主义文化建设理论。从此，中国特色社会主义文化建设事业有了科学系统的理论指导。

2. 强调建设中国特色社会主义文化的战略地位

江泽民高举邓小平理论的伟大旗帜，结合当代国情和国际形势，丰富和发展邓小平关于精神文明建设的思想，继承和发扬其思想精髓，结合我国的实际情况及国际形势，将文化建设提升到了一个崭新的高度。江泽民在1996年召开的党的十四届六中全会上指出："全会总结了多年来的经验，分析当前国际国内形势，强调在把物质文明建设搞得更好的同时，把社会主义精神文明建设提到更加突出的地位。"[①]表明了在新的历史条件下全党和全国各族人民需要共同面对的问题。建设中国特色社会主义文化，是在满足人民群众文化需求的基础上，凝聚团结我国各民族之间的力量。党的十五大报告指出，我们要坚持用邓小平理论武装全党，将中国特色社会主义文化建设列为党在社会主义初级阶段的基本纲领中的重要组成部分，从全新的角度来建设我国文化。随着市场经济建设的不断推进和顺利开展，在学习外来优秀文明的同时，一些负面的思想也混入其中，再加上敌对势力分化政策思想的不断渗透，反映出市场经济的发展缺陷和一些消极因素，享乐主义、拜金主义和极端个人主义肆意泛滥。因此，如何防止腐朽文化的产生，提高人民文化素质和思想道德修养，抵御外来文化入侵就变成了文化政策改革的重要突破点。随着经济全球化趋势的日渐增长，文化本身也在全球化中扮演着举足轻重的角色，我国文化软实力的提高和加强迫在眉睫。文化的力量是巨大的，深深融合在民族创造力和凝聚力中，是我国民族文化生命力的重要支撑。探求适合中国发展的特色社会主义道路，深刻认识文化建设的重要意义，对科学技术的发展高度重视，坚持马克思主义思想在我国意识形态领域的指导地位，在与世界的文化交流中稳固自己的地位，提升我国的综合文化实力，充分展现出中国特色社会主义文化建设的精神作用。

---

①《江泽民文选》（第三卷），人民出版社，2006，第558页。

3. 形成建设中国特色社会主义文化的基本纲领

江泽民指出，建设有中国特色社会主义文化，就是以马克思主义为指导，以培养有理想、有道德、有文化、有纪律的公民为目标，发展面向现代化、面向世界、面向未来的，民族的科学的大众的文化。培育“四有”新人是我国社会主义文化建设面临的长期而艰巨的任务，也是社会主义文化建设的根本目标。为达到这一目标，就要坚持社会主义文化建设的“三个面向”，体现社会主义文化建设的民族性、科学性和大众性的基本属性。“三个面向”深刻体现了中国特色社会主义文化建设的时代特征，中国特色社会主义文化要为经济建设服务，要为实现社会的全面现代化服务；社会主义文化建设要具有全球的视野，具有兼容并蓄的胸怀和海纳百川的气魄；社会主义文化建设还要具有前瞻性，始终站在时代的前列，把握世界发展的潮流，始终保持其先进性的特质。社会主义文化建设的基本属性体现了民族文化发展的必然要求，有中国特色社会主义文化首先应该是民族的，具有浓郁的民族性，这种文化是在我国固有文化的根基上生长起来的，体现着我国的民族精神和民族传统；社会主义文化建设要坚持马克思主义科学的世界观和方法论的指导，坚持解放思想、实事求是的思想路线，坚持“科教兴国”战略，提高全民族的科技文化素质，在全社会弘扬科学精神，倡导科学的思维方式和生活方式；有中国特色社会主义文化又是属于中国最广大人民群众的，是社会绝大多数人的文化，是真正民主的文化，人民大众既是文化活动的主体，又是文化消费的主体。

4. 明确了中国特色社会主义文化建设的目标、方针和原则

在继承邓小平“关键在人”思想的基础上，以江泽民为核心的第

三代中央领导集体把培育“四有”新人作为中国特色社会主义文化建设的根本目标，明确提出文化工作、宣传思想工作要不断培养和塑造一代又一代有崇高的理想信念、有丰富的科学文化知识、有无私奉献的道德素质、有严格纪律的社会主义接班人。在党的十五大报告中，江泽民科学地揭示了中国特色社会主义文化的基本内涵，即建设“面向现代化、面向世界、面向未来的、民族的科学的大众的文化”，从而揭示了当代中国社会主义文化是一种兼具时代性、民族性、科学性的，具有广泛群众基础的社会主义文化形式。

党提出的中国特色社会主义文化建设目标、方针和原则，以及对中国特色社会主义文化基本特征的阐释和概括，明确揭示了中国特色社会主义文化既不同于苏联那样的传统社会主义文化，又不同于西方资本主义文化的本质属性，表明中国特色社会主义文化是与当今时代特征及当代中国的经济、政治和社会发展相适应的一种文化形态，是马克思主义与当代中国国情及中国文化建设具体实际相结合的产物。这一理论成果为我们党研究和解决文化建设中的各种新情况和新问题提供了新思路，为我们坚持正确的文化发展方向作出了科学的引导。

5. 阐发了党要始终代表中国先进文化前进方向的重大意义

“三个代表”重要思想，是江泽民在广东视察工作期间正式提出来的。这一理论关于“党要代表中国先进文化的前进方向”的重要论断，是对党的建设的根本要求，同时这也是对中国特色社会主义文化建设的根本要求。先进文化推动着社会的发展，是社会发展的灵魂。江泽民指出，只有建设有中国特色社会主义文化，才是当代中国的先进文化。这一先进文化的特征是以马克思列宁主义、毛泽东思想、邓小平理论为指导的继承和发扬中华民族的优秀传统文化，是面向社会主义现代化、面向世界、面向未来的文化，因而它具有鲜明的时代性、浓郁的民族性、广泛的群众性、高度的民主性和面向世界的开放性、包容性与创新性，是以开放的文化态度，博采古今中外之长，结合民族特点进行创新的成果。在十五大报告中，江泽民科学地概括了它的具体内容，即“在社会主义初级阶段，一切有利于发扬爱国主义、集体主义、社会主义的思想和精神，一切有利于改革开放和现代化建设的思想和精神，一切有利于民族团结、社会进步、人民幸福的思想和精神，一切有利于诚实劳动、争取美好生活的思想和精神，都是先进文化的内容”。可见，判断先进文化的标准，主要看是否适应和推动社会生产力的发展。这一科学论断，是对邓小平“三个有利于”思想的继承和发展。

更进一步，江泽民提出党就是先进文化前进方向的代表，从而把先进文化从建设有中国特色社会主义的组成部分上升到我们党的建设的本质属性和方向的高度，提出从文化上建党，以文化立党；另一方面强化了党对文化建设的绝对领导，把党的进步与文化用“先进”串接起来，从而既保证了党领导下的文化的正确发展方向，也为党的建设注入了精神动力。这是江泽民在新的历史时期对马克思主义建党学说的新发展，是中国文化建设新的指南。同时党是这一先进文化前进方向的忠实代表，也就要求党只有用先进文化武装自身，并不断切切实实推动文化的发展，才能更好地成为中国先进文化前进方向的代表。纵观历史，中国共产党始终高举建设中国先进文化这一旗帜，努力建设和弘扬反映革命、建设和改革要求的新文化，荡涤旧社会遗留下来的和从国外渗透进来的腐朽没落的旧文化，因此从思想上精神上极大地解放和激励了广大干部群众，在全党和全国人民中形成了凝聚人心、统一意志的正确的指导思想和共同理想，所以江泽民在建党80周年大会上的讲话中强调：坚持什么样的文化方向，推动建设什么样的文化，是一个政党在思想上精神上的一面旗帜。江泽民在“三个代表”重要思想中，把始终代表中国先进文化的前进方向作为党的先进性的重要特征和标志，这在马克思主义建党学说和社会主义理论发展史上，都是第一次经典性的概述。

江泽民文化思想在汲取五千年绵延不绝的中华民族文化精华的基础上，又面向世界和未来，经过一系列的理论创新，逐渐形成了系统、完整的体系。以江泽民为核心的第三代中央领导集体高度重视社会主义文化建设和创新，江泽民文化思想体系的形成，充分体现了这一代中央领导集体高瞻远瞩，能够站在民族振兴的历史高度继往开来进行社会主义文化建设和创新的战略眼光。

（四）以胡锦涛为代表的中国共产党人的深化拓展

党的十六大以来，党中央从中国特色社会主义事业全局的高度，把文化建设提升到了一个十分重要的位置，在文化建设上坚持理论创新和实践创新，并对此作出了一系列新的重大理论论述以及相关的决策部署，对中国特色社会主义文化建设理论作了进一步丰富和发展，深刻揭示和回答了当代中国文化建设所面临的一系列重大问题，表明了我们党在文化建设上经过长期不懈的探索和努力，终于走出了一条中国特色社会主义文化发展道路。

1. 确立了中国特色社会主义文化发展的新内容

确立文化建设的崭新模式。胡锦涛曾在2003年党的十六届三中全会上首次提出了"以人为本"的思想，要求我们树立坚持以人为本的科学发展观。以人为本就是以人民大众为本，社会主义本质就是要实现人的自由选择和全面发展。在文化建设的发展领域中，我们要坚持以人为本的理念，满足人民群众日益增长的精神文化需求，争取创作出符合人民大众实际生活水平的优秀作品。改革开放以来，市场经济建设繁荣发展，人民的物质生活水平有了显著提高，但随之而来的是社会上出现了一些官僚主义、拜金主义等歪风邪气。这些负面消极的影响限制了我国市场经济的健康发展，阻碍了我国社会主义文化建设的发展和进步。经济的发展归根结底是为了满足广大人民对物质生活的高追求和对文化生活的精神需要，为人民群众的全面发展提供有力的保障。通过提出"以人为本"的文化建设模式，再一次强调了我党执政以来的核心价值。以人为本的目的是要以人的全面发展带动经济和社会的发展，使之与我们党的性质和宗旨相统一。在新时期，我们更要抓住这一核心价值思想，以人民群众的利益为出发点，用优秀的文化成果为全体人民造福，保障人民群众的基本权益，满足人民群众日益增长的文化和物质需求。

深化文化体制改革的创新。改革开放全面发展的过程不仅包括市场经济体制和政治体制的深化改革，同时也包括文化体制的改革与发展。文化产业长期以来与文化事业之间没有明确的关系划分标准。在这种情况下，我国的文化思想要想快速发展，就必须尽快进行文化体制改革，解决我国在文化体制方面显露出来的问题。在十六大报告中，我党首次提出：“根据社会主义精神文明建设的特点和规律，适应社会主义市场经济发展的要求，推进文化体制改革”，作出深化文化体制改革、发展文化事业文化产业的战略部署。直至十七届六中全会通过的《决定》，基本规划完成了我国文化体制在面对改革时的总体思路和大致方向。文化体制是文化发展的标志，我们要想对文化体制进行改革，就必须加快改革的步伐，跟随时代的节奏，提升文化改革的质量，我国的经济、政治、文化才能够持续发展。结合当前国际国内的发展形势，我国文化建设拥有许多优势的同时也面临着严峻的挑战。因此，对文化体制的深入改革，促进文化、经济、政治和社会的协调发展，是我国实现科学发展的必然要求。文化创新和文化体制关系密切。推动文化改革，实现改革目标依靠的是文化创新，而文化创新的根本则是文化体制改革。因此，要想进行文化创新，首先就要建立新的文化体制，深化体制改革。“一个没有文化底蕴的民族，一个不能不断进行文化创新的民族，是很难发展起来的，也是很难自立于世界民族之林的。”总而言之，我国的文化建设离不开改革和创新，体制改革和创新都是文化发展的重要部分，我们在进行文化体制改革创新的时候，要协调发展，稳步进行。

推进核心价值体系的建设。在十六届六中全会上，首次提出了社会主义核心价值体系这一具有时代意义的科学命题。社会主义的核心价值体系是全党全国人民共同奋进的思想基础，在整个文化建设中居于支配的地位。涵盖了“马克思主义指导思想、中国特色社会主义共同理想、以爱国主义为核心的民族精神和以改革创新为核心的时代精神、社会主义荣辱观”。这四个方面的内容联系紧密，构成了辩证统一的有机整体，鲜明地回答了在社会思想多元化的情况下，我们党如何引领各族人民前进的问题。马克思主义是我国社会主义建设的根本指导思想，如果没有马克思主义的指导，那么社会主义建设也就成了空谈。只有坚持马克思主义的指导地位，社会主义核心价值体系的性质和方向才能得到保证，才能正确处理文化多元性的关系。中国特色社会主义的共同理想把国家的兴衰与个人的幸福感紧紧结合在一起。以爱国主义为核心的民族精神和以改革创新为核心的时代精神是我国优良的思想传统，是我们社会主义建设和发展不可缺少的精神支柱，我们要在文化领域中勇于改革创新，使之成为中华民族伟大复兴的动力。我国要想推动社会主义建设的不断进步，稳固我国在世界的地位，就必须坚持这一思想。社会主义荣辱观作为社会主义道德的根本要求，为人们分清善恶提供了判断标准，为人们提供了基本规范。社会主义核心价值体系的提出，从理论上解决了如何建立社会主义以及发展和提高民族凝聚力的关键性问题。不仅如此，它的优越性还体现在不排斥差异文化观，具有包容性地将这些文化观自觉融入人民群众的生活中去。十七大报告指出，“切实把社会主义核心价值体系融入国民教育和精神文明建设全过程，转化为人民的自觉追求。积极探索用社会主义核心价值体系引领社会思潮的有效途径，主动做好意识形态工作，既尊重差异、包容多样，又有力抵制各种错误和腐朽思想的影响”。各个领域的发展都离不开社会主义核心价值体系，社会主义核心价值体系是我国文化建设中的最主要环节，它是一项长期系统的工程。

2. 提出了新世纪新阶段我国文化发展的总任务和总目标

文化建设的总任务和总目标，是党对中国文化朝什么方向发展所进行的总体分析和认识，对文化事业的发展关系极大。明确任务，确定目标，才能产生推进文化发展的动力，才能保证和推动文化建设沿着正确的方向顺利发展。党的十七大在继承我党关于新时期中国特色社会主义文化已有的战略目标的基础上，进一步提出和确定了新世纪新阶段我国文化建设的总任务和总目标。2011年10月，党的十七届六中全会从中国特色社会主义文化的目标任务、重大方针、战略举措等方面对现阶段我国文化改革和发展作出了明确而具体的部署。第一次明确提出建设社会主义文化强国的奋斗目标，为新世纪新阶段我国社会主义先进文化建设指明了正确的方向。

2012年11月召开的党的十八大，就如何扎实推进社会主义文化强国建设作出了新的战略部署，并号召全党“要坚持社会主义先进文化前进方向，树立高度的文化自觉和文化自信，向着建设社会主义文化强国宏伟目标阔步前进”①，为新世纪的中国社会主义文化建设提供了科学的理论指南。

3. 提出了我国文化发展的一系列新思想和新论断

党的十六大以来，党中央洞察到世界各国经济飞速发展的态势，同时也洞悉到文化在综合国力竞争中的作用和地位日渐突出，立足于新世纪我国文化建设的具体实际，着眼于中国特色社会主义的总体布局，以高度的文化自觉领导和推进中国特色社会主义文化建设，提出

①《十八大报告学习辅导百问》，党建读物出版社、学习出版社，2012，第30页。

了关于新世纪我国文化发展的很多崭新的思想、独特的观点和适合国情的论断，中国特色社会主义文化建设理论由此得到了进一步丰富和发展，中国特色社会主义文化发展道路的探索由此得到了进一步深化，并得以最终形成和确立。

2002年党的十六大本着全面建设小康社会的奋斗目标，对文化建设和文化体制改革作出了具体部署，提出要坚持先进的文化发展方向，发展中国特色社会主义文化，使人们的精神世界和精神生活得到丰富，人们的精神力量得到增强；以爱国主义为核心的民族精神得到弘扬，并将民族精神贯穿到整个国民教育和精神文明建设的实践中；切实加强思想道德建设，重视以德治国与依法治国相结合，树立正确的世界观、人生观和价值观。党的十六届六中全会又正式提出建设和谐社会的重大战略任务，并提出要建设和谐文化，将社会主义核心价值体系作为社会主义和谐文化建设的根本，从而明确揭示了社会主义先进文化建设的实质和核心。

2007年党的十七大明确提出了推动社会主义文化大发展大繁荣，提高国家文化软实力的文化建设奋斗目标，并从构建社会主义核心价值体系、建设和谐文化、弘扬中华文化、推进文化创新等方面作出了明确阐述和部署。2011年党的十七届六中全会通过的《关于深化文化体制改革推动社会主义文化大发展大繁荣若干重大问题的决定》，进一步提出了建设社会主义文化强国的奋斗目标，并围绕这一目标，提出了一系列关于推动文化改革和发展的重大方针、具体政策和战略举措，进一步明确了新世纪新阶段我国文化建设的总体思路、战略布局和具体途径。党的十八大在此基础上又进一步提出了关于文化建设的新思想和新举措，对中国特色社会主义文化建设规律有了更深入的认识和思考，体现了我们党所具有的高度文化自觉。

从党的十六大到党的十八大，党中央在文化建设方面所提出的一系列新理论、新论点，反映了我们党在新的历史条件下对文化建设的认识更加深刻，对文化发展趋势的预见更加准确，对文化建设任务和目标的设定更加科学，对文化发展方针和政策的制定更加符合当代中国的具体实际。正是在这样的背景下，中国特色社会主义文化发展道路才得以形成和确立。

（五）以习近平为代表的中国共产党人的全面推进

党的十八大以来，以习近平为核心的党中央致力于推进中国特色社会主义文化建设，根据我国新时期文化建设的战略目标、任务和要求，在继承经验、不断实践的基础上，对建设文化强国、提高国际话语权、增强国家文化软实力等战略思想进行了新的阐释和发展，形成了独具特色的文化建设思想，其内涵丰富、系统全面，开创了文化建设思想的新局面。

1. 坚定中国特色社会主义文化自信

党的十八大以来，习近平充分继承前人优良传统，高度重视文化建设工作，多次强调要坚定中国特色社会主义文化自信。在庆祝中国共产党成立95周年大会的讲话中，习总书记明确提出：“中国共产党人要‘坚持不忘初心、继续前进’，就要坚持‘四个自信’即‘中国特色社会主义道路自信、理论自信、制度自信、文化自信’。”这一论述深刻揭示了中国特色社会主义精神命脉与价值追求，深化了对文化作用及其发展规律的认识，为繁荣发展文化事业指明了前进道路，提供了根本遵循。

坚定于优秀传统文化的文化自信。文化作为民族发展、国家进步的重要推动力量，是实现中国梦的必要条件，一个缺乏文化自信的民族是难以实现伟大复兴的。针对当前有些人盲目崇洋媚外，热衷“去历史化”“去中国化”，倾向于民族和历史虚无主义的错误思想作风，习近平明确提出要增强文化自信。他不止一次提到“文化自信”这一新词汇，2014年2月中央政治局第十三次集体学习时，习近平首次提出要“增强文化自信和价值观自信”。同年12月，在澳门考察时又指出：“五千多年文明史，源远流长。而且我们是没有断流的文化。建立制度自信、理论自信、道路自信，还有文化自信。文化自信是基础。”①2015年5月，习近平在哲学社会科学工作座谈会上再次讲道：“我们说要坚定中国特色社会主义道路自信、理论自信、制度自信，说到底是要坚定文化自信。”②将文化自信提到了更高地位。

坚定于中国共产党优秀革命文化的文化自信。坚定文化自信，努力发展本民族文化，不断增强文化创新创造能力与活力，可以为实现文化大发展大繁荣，为实现中华民族伟大复兴提供共同价值理想与追求。习总书记明确指出，“在5000多年文明发展中孕育的中华优秀传统文化，在党和人民伟大斗争中孕育的革命文化和社会主义先进文化，沉淀中华民族最深层的精神追求，代表着中华民族独特的精神标

①习近平：《习近平谈文化自信》，《人民日报》（海外版），2016年7月13日。
②习近平：《在哲学社会科学工作座谈会上的讲话》，人民出版社，2016，第17页。

识”[1]，阐明了文化自信的根基所在。文化自信又源于不畏险阻、艰苦卓绝的红色革命文化。近代的中国，深受帝国主义、官僚资本主义和封建主义的三重压迫，内忧外患严重，国家主权和领土完整受到破坏，在半殖民地半封建社会的社会性质下，民族的文化自信心饱受摧残。在这民族生死存亡的紧要关头，中国共产党带领人民奋勇反抗，取得了革命胜利，实现了国家主权独立。在反抗侵略战争过程中形成了诸多敢于斗争、不怕牺牲的可贵精神，如“星星之火、可以燎原的井冈山精神”“不怕牺牲、勇往直前的长征精神”“自力更生、艰苦奋斗的延安精神”“敢于斗争，敢于胜利的西柏坡精神”等。新中国成立之后，我们党领导人民开始了建设社会主义的伟大征程，在进行革命和建设的过程中又先后涌现出了众多不畏险阻、奋勇当先的奋斗精神，如“乐于助人、乐于奉献的雷锋精神”“独立自主、自力更生的大庆精神”“艰苦奋斗、勇于攻坚的航天精神”“为祖国争光、为民族争气的奥运精神”“万众一心、众志成城的抗洪救灾精神”等。这些富有时代特色的民族精神共同构成了中国革命文化内核，为新时期我们坚定文化自信、推进文化建设打下了坚实的精神根基。

坚定于中国特色社会主义先进文化的文化自信。除优秀传统文化、优秀革命文化外，文化自信还源于承先启后、继往开来的社会主义先进文化。中国特色社会主义先进文化，作为中国优秀传统文化和红色革命文化的延续，是在坚持马克思主义理论指导下对文化进行的进一步创新创造，具有持久生命力。马克思主义以其科学的世界观和

①习近平：《在庆祝中国共产党成立95周年大会上的讲话》，人民出版社，2016，第13页。

方法论，为我们包括文化在内的各种社会主义建设事业指明了方向。习近平明确指出：“马克思主义是我们立党立国的根本指导思想。背离或放弃马克思主义，我们党就会失去灵魂，迷失方向。在坚持马克思主义指导地位这一根本问题上，我们必须坚定不移，何种情况下都不能有丝毫动摇。”[①]中国共产党能够领导中国人民在建设社会主义事业的过程中取得一次又一次的胜利，就在于我们党将马克思主义的普遍原理与中国的具体实际相结合，与中国的文化相结合。因此，在文化建设过程中，我们必须要始终坚持用马克思主义思想作为指导，要高举自己的文化旗帜，不断弘扬社会主义价值观，宣传能够反映并且适应社会生产力发展要求的先进文化，能够维护人民群众利益的文化，不断激发人民的爱国情怀和民族情怀，使文化自信拥有更为正确的方向。

2. 继承发扬中国优秀传统文化

自党的十八大以来，习近平总书记对国内外的形势进行了分析，针对现阶段我国面临的重大问题，创造性地继承和深化了我党的传统文化价值观，为进行中华优秀传统文化的教育提供了相应的理论支持。习近平总书记强调，中华优秀传统文化是中华民族十分重要的优势，是有利于我们文化发展以及社会发展的重要软实力。在对如何弘扬和传承中华民族优秀传统文化的研究和论述中，习近平重点对实现传统文化的现实价值的途径进行了阐释，同时给我国制定弘扬传统文化的方针政策提供了可靠的理论依据。在当今文明间的冲突和日趋复

①习近平：《在庆祝中国共产党成立95周年大会上的讲话》，人民出版社，2016，第9页。

杂激烈的文化竞争局面下，确立了我们中华文化的发展方向，是现阶段和今后一段时间内党和国家发展民族文化必须遵循的一个行动纲领。

习近平多次在讲话中论述了中华优秀传统文化的重要性。他强调："优秀传统文化是一个国家、一个民族传承和发展的根本，如果丢掉了，就割断了精神命脉。"文化是一个民族、一个国家的特有符号。辉煌灿烂的人类文明是由不同民族不同国家优秀文化组成的。保持本民族文化的生命力在当前复杂的国际形势下显得尤为重要。中华文明在数千年的历史长河中一直展现着极大的感召力和吸引力，在东亚乃至世界范围内都有着巨大的影响。其中也涌现了不计其数的文艺大家和文艺精品。中华文化的传承是每一代炎黄子孙义不容辞的责任，特别是当下文化作为综合国力重要的一部分在国家竞争中扮演着越发重要的角色，我们更应该重视优秀传统文化的传承与传播。在实现中国特色社会主义现代化和中国梦的道路上我们必然会遇到一系列困难。我们应不断汲取传统文化中的养分，传承和发扬开拓进取的民族精神，深入挖掘传统文化中的宝贵资源，增强文化自信，有信心克服一切困难去实现中华民族的百年梦想。

传统文化有助于弘扬社会主义核心价值观。社会主义核心价值观具有深厚的历史传承性，是对优秀传统文化的提炼和总结，包含着各个时期中华优秀传统文化中的精华，与许多中国从古至今所特有的道德规范一脉相承。中华优秀传统文化的内在精神是其重要内容之一。习近平总书记强调要将社会主义核心价值观和中国传统文化相结合，中华优秀传统文化中的传统美德和核心价值观中所提倡的道德很多内容是相一致的，社会主义核心价值观是对中华优秀传统文化的传承与升华。重视优秀传统文化有助于从中汲取丰富养分，树立正确道德观。在全社会营造学习优秀传统文化的氛围有助于提升国民整体素质。习总书记提出“四个自信”，其中文化自信包含着对中华传统文化的自信。只有更好地了解和掌握优秀传统文化，才能在中国特色社会主义的道路上更加自信。

重视优秀传统文化的传播，向全世界展示传统文化独特魅力。习近平在主持十八届中央政治局第十二次集体学习时指出：“提高国家文化软实力，要努力展示中华文化独特魅力。”这是中国特色社会主义文化建设的重要内容，也是提高国家文化软实力，实现社会主义文化强国目标的必经之路。中国光辉灿烂的传统文化为推动世界文明的进步作出过不可磨灭的贡献。中国拥有丰富的文化资源，这是我国提高文化软实力亟待开发的宝贵财富。我们应该系统整理传统文化资源，总结传统文化中的思想精华，创新传播形式，激活其生命力，使中华文化在全世界范围内的影响力越来越大。

3. 构建社会主义核心价值观

中国是世界第一人口大国，确立一个能够反映大多数人意志的、使全体人民同心同德的价值观，对于国家的发展具有重要意义。党的十六届六中全会上就提出了要建设社会主义核心价值体系的战略任务，党的十八大报告中明确提出：“倡导富强、民主、文明、和谐，倡导自由、平等、公正、法治，倡导爱国、敬业、诚信、友善，积极培育和践行社会主义核心价值观。”[1]进而为全社会人民提供了价值导

①胡锦涛：《坚定不移沿着中国特色社会主义道路前进　为全面建成小康社会而奋斗——在中国共产党第十八次全国代表大会上的报告》，人民出版社，2012，第31—32页。

向，有力地巩固了全党全国各族人民团结奋斗的共同思想基础，凝聚了社会共识。核心价值观展现了一个社会的文化方向和整体氛围，是这个时代全体社会成员一致认同的价值观的“最大公约数”，对整个社会的经济、政治、文化等各方面起到稳定作用，也是时代精神的集中体现。习近平总书记指出：“人类社会发展的历史表明，对一个民族、一个国家来说，最持久、最深层的力量是全社会共同认可的核心价值观。”假如缺少或者没有形成共同的核心价值观，社会意志、社会力量就会分散，社会极易陷入混乱，更不能形成有利于社会发展的社会制度、社会道路。社会主义核心价值观凝聚社会主义核心价值体系的关键特征和基本性质，虽然只有24个字，却是社会主义核心价值体系的高度提炼与升华，是中华民族伟大复兴道路上对全体社会成员提出的基本要求。

践行社会主义核心价值观应发挥党员干部的模范带头作用。2014年5月，习近平在上海考察期间多次提到领导干部要带头践行社会主义核心价值观。中国共产党是社会主义建设的领导力量，党员和各级党支部在社会主义建设的方方面面都起到了至关重要的作用。教育引导是培育核心价值观的有效途径，而榜样的力量又是教育引导的关键因素。因此，我们决不能忽视8000多万党员的带动引领作用。党员干部要带头学习和弘扬社会主义核心价值观，深刻理解其内涵和意义，并且在所处岗位上以身作则，认识到作为共产党员对社会主义核心价值观的践行能够在群众中起到示范效应。

要在青年以及大学生群体中大力开展社会主义核心价值观教育。青年阶段正是“三观”形成的重要时期，抓好了青年思想道德教育，也就抓住了民族和国家的未来，其意义十分重大。习近平总书记在北京大学师生座谈会上明确指出，“青年要从现在做起、从自己做起，使社会主义核心价值观成为自己的基本遵循，并身体力行将其推广到全社会去”。在论述为什么要对青年讲社会主义核心价值观的问题时，习近平用扣扣子作比喻，生动形象地解释了对广大青年进行核心价值观教育的重要性。他认为，青年人正处于价值观形成的关键阶段，就像扣扣子，第一颗扣子扣错了，剩余的扣子都会扣错，人生的扣子从一开始就要扣好。习近平在讲话中提出了广大青年需要在哪些方面下功夫培养良好道德，勤学、修德、明辨、笃实是他对青年在由易到难，由近及远，培育和践行社会主义核心价值观的基本要求。由此可以看出习近平对广大青年寄予了殷切的希望，广大青年应积极响应国家号召，成为全社会道德建设的主力军，将24字核心价值观内化于心，外化于行。

要重视少年儿童的核心价值观教育。习近平在北京市海淀区民族小学主持召开座谈会时强调“少年儿童是祖国的未来，是民族的希望，要从小积极培育和践行社会主义核心价值观”。在任何国家任何地区，少年儿童之于国家和社会发展都具有重要的意义。少年儿童是社会主义建设的接班人。习近平就在少年儿童群体中开展社会主义核心价值观教育提出了四点建议。他提出，少年儿童主要应做到记住要求、心有榜样、从小做起、接受帮助。习近平的语言十分贴近少年儿童的年龄特点，巧妙地论述了少年儿童培育社会主义核心价值观对于核心价值观在全社会的普及乃至实现中华民族伟大复兴中国梦的意义。同时，习近平还认为，家庭、学校、社会对于少年儿童培育社会主义核心价值观都负有重要的责任。首先，要重视家庭教育，父母应树立榜样，并做好对孩子的教育引导工作。其次，学校要将德育放在重要位置，智育和德育并重，对少年儿童进行德育教育意义重大，而不断进行社会主义核心价值观教育正如将德育的种子播撒在每个少年儿童心中。再次，少先队要发挥其应有作用，积极开展组织教育、自主教育、实践活动。

4. 夯实国家文化软实力

文化软实力是国家软实力的核心内容。新形势下，文化软实力逐步成为民族凝聚力和创新能力的重要来源，也与硬实力并驾齐驱，在综合国力竞争中发挥着不可替代且越来越重要的作用。在实现中国梦的时代背景下，文化软实力的建设应放在更重要的位置。党的十七大报告中首次出现了增强国家文化软实力的内容。党的十八大以来，习近平十分重视文化软实力建设，他在历次会议中多次强调要重视文化软实力建设。

改革开放40年来，我国的经济、科技、军事实力得到了长足的进步，GDP跃居全球第二，仅次于美国，摆脱了积贫积弱的局面，成为世界经济增长的重要引擎之一，科技水平也取得了巨大进步，“神舟”系列飞船的陆续成功、屠呦呦获得诺贝尔奖正是我国科技水平提高的缩影和代表。近年来，随着周边安全形势的不确定性，我国军事实力不断提高，逐渐成为维护世界及亚太地区和平的重要军事力量。综合来看，我国的国家硬实力已达到了一定的高度。反观软实力，仍有待提高，创新能力与发达国家有一定差距，国民素质参差不齐，中国的国际形象因为“中国威胁论”等负面报道受到了一定的影响。因此，提高我国的文化软实力是当务之急。

首先，要夯实国家文化软实力的根基。“夯实国家文化软实力的根基，必须坚持走具有中国特色社会主义文化发展道路，不断深化文化体制改革”，这是我国对待文化建设工作一直坚持的原则，也是国家文化整体实力加强的同时一定要坚守的基本原则。当今社会，文化软实力的作用越来越突显，我国文化软实力的根基首先在于坚持马克思主义的指导思想，我国的文化建设属性是中国特色社会主义文化，这就决定了马克思主义理论在其中的重要指导地位，因此要毫不动摇地巩固马克思主义理论建设。我国社会主义文化的建设具有独特的中国特色，这就需要我国文化建设要牢牢结合中国国情，文化发展要结合中国特色，坚持以人为本，创造属于中华民族的文化。除此之外，要不断深化文化体制改革的力度，使文化发展与社会发展相适应。中国正处在文化发展的转型期，作为文化发展的关键，文化体制一定要跟得上时代步伐，文化体制是一个国家文化发展的框架，对文化发展起着至关重要的作用，所以，文化体制一定要随着社会的不断发展及时进行调整。文化体制改革的另一个方面就是不断创新，创新是一个国家和民族的不竭动力，对文化的发展也具有同样的作用，文化想要保持活力，就要不断对其进行创新。我国文化丰富多样，文化内容复杂多变，在对文化的传承上，要不断创新形式，创新手段，目的在于使更多的人更好地了解中国文化。对文化的发展要不断进行创新，提倡多运用当下先进技术，以及结合时代特点对中国传统文化进行推进，根据大众需求创造更多、更喜闻乐见的大众文化，结合世界潮流，促进文化全面发展，使文化走向世界。

其次，夯实国家文化软实力，必须加强社会主义核心价值体系的学习，增强国民文化观教育。我党无论处在什么样的阶段，革命建设或改革时期，一直都坚持马克思主义的指导思想，坚定中国特色社会主义的理想信念，在当代，对国人的文化教育，除了信念信仰的培养，还要结合现实时代背景，弘扬以爱国主义为核心的民族精神、以改革创新为核心的时代精神，贯彻落实以“八荣八耻”作为基础内容的社会主义荣辱观。当代文化建设一定要将核心价值体系教育融入国家建设和党的建设的方方面面。同时，精神文化建设始终是我党的一项重要的工作，是夯实我国文化软实力的基础。所以，习近平强调，要积极弘扬中华民族的传统美德，它是在我国长期发展过程中，历久弥新、经久不衰的文化精髓，是我们中华民族不竭的动力所在，对待传统美德，除了对此作最大限度的继承外，还要结合当代国情，对其进行创新性发展，这些都是习近平为了巩固和发展国家文化软实力，结合当代新形势，对文化建设提出的新要求、新目标。

最后，要努力提高国际话语权。习近平多次强调，要加强国际传播能力建设，精心构建对外话语体系。新中国成立以来，中国长期受到西方敌对势力的封锁抹黑，国际话语权长期被西方发达国家垄断。同时由于综合国力长时间落后于发达国家，在世界舞台上，中国的声音很少能被广泛传播。改革开放以来，我国综合国力和国际地位显著提高。然而，由于长期以来国际话语权的缺失，国际社会对于中国出现两种矛盾的态度，既希望了解中国飞速崛起的秘诀，又担心中国的强大会挑战当下世界格局。因此，“中国威胁论”“中国崩溃论”等论调层出不穷。面对这种情况，习近平高瞻远瞩，用通俗易懂的语言给未来我国国际传播能力和对外话语体系建设指明了方向。他提出，要讲好中国故事，就是通过积极地对外输出，向世界展示一个真实、立体、全面的中国。关于怎样讲好中国故事，习近平开出了三剂良药：一是，要树立强烈的文化自信。中华优秀传统文化不能丢，业已形成的道路不能变，不能改旗易帜。只有这样，才有信心和底蕴使国际社会对中国有一个全新的认识。二是，必须解决好“挨骂”的问题。落后、贫穷、失语导致过去国际舆论格局对我国不利。我们要坚持“一个中心，两个基本点”，并且要大力推进国际传播能力建设，创新对外宣传方式。真正使优质的、民族的文化被外国接受并认可。三是，必须积极主动。内敛是中华民族的性格之一，过去当面对负面舆论时，我们常常采取不争不辩，专心致志搞建设的态度，在积极主动地传播中国声音上投入较小。未来，我们要变被动为主动，主动表达清楚我们的观点、态度，让正确的声音广为传播，使中国声音在世界舞台上越来越洪亮。

综上所述，当前中国社会正处于日益多元化的格局之下，在这种新的形势、新的变化中，迫切需要我们脚踏实地、扎扎实实地推进中国特色社会主义文化建设工作。在对习近平文化建设思想形成的时代背景全面分析的基础上，进一步深入挖掘习近平文化建设思想，积极探索文化建设思想的实现路径，做强文化软实力，助推经济硬实力，从而丰富人们的精神文化生活，为实现中华民族伟大复兴中国梦提供强大支撑，有利于建成社会主义文化强国。

二、中国特色社会主义文化建设的实践成就

党的十一届三中全会以来，随着改革开放不断深入，我国社会经济快速发展，中国社会开始步入全面的转型时期，随着物质生活的不断丰富，人民对于精神文化的需求也在逐步提高，在这样的背景下，党的十五大提出建设有中国特色社会主义的文化。经过多年来的不断发展，中国特色社会主义文化建设取得了辉煌的成就。

（一）社会主义核心价值体系逐步建立

党的十六届六中全会第一次明确提出“建设社会主义核心价值体系”这一伟大命题。这一命题的提出也反映出改革开放以来，经过艰苦探索，我们已经成功适应了中国特色社会主义发展的价值理论体系，这与我们长期始终坚持马克思主义的主导地位是密不可分的。步入转型期以来，我国的政治、经济、文化飞速发展，在发展过程中也形成了一套相对完善的制度体系，这些制度体系是依靠统一的价值观导向来维系的。在改革开放后，随着西方思想文化思潮的涌入，人们的思想观念、价值取向、信仰体系都发生了一系列的变化，当然这些变化有些是积极的、对中国特色社会主义发展有推动作用的，但还有一些变化是消极的、阻碍中国特色社会主义发展的。因此如何引导人民群众形成统一的社会价值导向，成为建设中国特色社会主义事业首先要考虑的问题。社会主义核心价值体系的适时而出，为上述一系列社会问题提供了解决的新思路。社会主义核心价值体系并不是简单的一种价值观念，它是社会主义制度在政治、经济、文化、社会发展的

各个层次中对于价值观实质的解释，是各个层次内容相互作用的有机体，是内涵丰富的一个有机整体。“当前，人们的思想观念、道德意识、价值取向越来越呈现出层次性。我们不能因为存在着多层次的思想道德而降低甚至否定先进性的要求，也不能不顾人们思想道德的客观差异，用一个标准要求来引领人们在思想道德上不断提升和进步，社会主义核心价值体系的提出，集中回答了这个问题。社会主义核心价值体系，既体现了思想道德建设上的先进性要求，又体现了思想道德建设上的广泛性要求；既坚持了先进文化的前进方向，又兼顾了不同层次群众的思想状况；既体现了一致的愿望和追求，又涵盖了不同的群体和阶层，具有广泛的适用性和包容性，具有强大的整合力和引领力，是联结各民族、各阶层的精神纽带。”①

党的十八大以来，我国社会主义文化强国建设呈现出文化内容建设与文化体制改革并重的鲜明特点。党中央适时提出培育社会主义核心价值观的要求，并强调社会主义核心价值观是当代中国精神的集中体现，凝结着全体人民共同的价值追求。“一个国家的文化软实力，从根本上说，取决于其核心价值观的生命力、凝聚力、感召力。建设社会主义文化强国，最根本的任务，就是积极弘扬培育社会主义核心价值观，厚植我们民族和国家最持久、最深层的精神力量，确立起我国文化体系良性运行的价值中轴、国家治理体系和治理能力现代化赖以推进的价值秩序与价值引领。”②在党的十九大报告中深刻阐述了社会主义核心价值观的丰富内涵和实践要求，对培育及践行社会主义核心价值观作出新的重大

①十八大报告文件起草组：《十八大报告学习辅导百问》，学习出版社，2012。
②沈壮海等：《文化强国建设的中国逻辑》，人民出版社，2017，第5页。

部署，反映了我们党在价值理念和价值实践上达到了一个新高度。

（二）公民文化素质全面提升

道德是提高人的精神境界、促进人的自我完善、推动人的全面发展的内在动力，是人的素质构成的重要组成部分，这关系到在社会运行中个人所扮演的角色以及发挥怎样的作用。全民道德素质，是每一个公民素质的综合体现，一个社会是否文明进步，一个国家是否能够长治久安，在一定程度上取决于公民文化素质的提升。

改革开放40年来我国教育事业发展十分迅速。1978—2017年间，全国小学学龄儿童入学率从94%提高到99.9%；初中毛入学率达到99.4%；高中阶段教育毛入学率提高到86%；高等教育毛入学率提高到43%；学前教育毛入园率已达到85%。目前我国15岁以上人口和新增劳动力的平均受教育年限分别接近9.5年和12.5年，人力资源开发处于发展中国家较高水平。

义务教育进入全面普及巩固的新阶段，基础教育水平全面提升。从1986年全国人大常委会颁布《义务教育法》起，经过10多年奋斗，2000年我国实现了基本普及九年义务教育、基本扫除青壮年文盲（简称“两基”）目标，“两基”人口覆盖率超过85%，2017年进一步扩大到99.9%。我国已跻身于义务教育水平较高国家行列，数以亿计的初中毕业劳动力为国民经济持续快速增长提供了关键支撑。同时，在基础教育其他领域，普通高中、学前教育和特殊教育发展也很迅速。2017年全国共有幼儿园25.5万所，比上年增加1.51万所。学前教育入园儿童1937.95万人，比上年增加15.87万人，学前教育毛入园率达到

79.6%，比上年提高2.2个百分点。义务教育阶段学校21.89万所，招生3313.78万人，在校生1.45亿人，专任教师949.36万人，九年义务教育巩固率为93.8%。特殊教育方面，全国共有特殊教育学校2107所，比上年增加27所；特殊教育学校共有专任教师5.6万人，比上年增加0.28万人。此外，民办教育2017年也取得进一步发展。全国共有各级各类民办学校17.76万所，比上年增加6668所；各类民办教育在校生达5120.47万人，比上年增加295.1万人。全国高中阶段教育共有学校2.46万所，比上年减少93所；在校学生3970.99万人，比上年增加0.93万人。2015年全国中等和高等职业教育的在校生分别为1656.7万人和1048.6万人，在高中阶段和高等教育占据半壁江山，技能培训和继续教育也有很大发展。2017年高等教育在学人数3779万人，高等教育毛入学率达到45.7%，规模居世界第一。教育对外开放不断推进。

（三）人民精神文化生活日益丰富

社会主义文化是人民大众的文化，也是人民共享的文化，让人民享有健康丰富的精神文化生活，是中国特色社会主义文化建设的一项重要内容。党的十六大以来，国家始终坚持以人民群众的精神文化需求为导向，提高文化产品的数量，增强文化产品的质量，为群众提供内容更加丰富的文化消费产品，这也是全面建设小康社会的重要内容。

改革开放40年来，科技的迅猛发展，为我们的精神文化需求疏通了道路。从听收音机的单一娱乐到上网、玩游戏、唱KTV、听音乐会等多元化娱乐，充分满足民众的选择。除了娱乐层面的改变，我们也实现了头脑的充盈，从知识相对匮乏到如今信息大爆炸，从查阅资料或许需要到图书馆翻阅大量书籍，从海量信息中摸索出需要的内容，到如今，只需要利用互联网便可实现信息的检索与筛选，认知逐渐变得开阔……每一步的改变，都是改革发展的缩影，凝聚着整个社会的力量。文化的广泛传播，也带来了文化产业的兴盛。改革开放以来，我国影视业、旅游业以及新兴的数字产业，都实现了高速发展。如，电影产业，40年来中国电影市场发展之快令人感叹。1977年电影生产开始复苏，1980—1984年平均年产量120部左右。1989年我国电影票房收入为27亿元，2000年电影票房在8.6亿元左右，2009年电影票房为62.06亿元。而2017年，中国电影全年总票房达到559亿元，影院数量近1万家。电影产业的盈利与发展规模，这些年都呈直线式上升的状态，这种直线式上升的状态，其实是改革开放以来我国文化产业发展的一个缩影。在文化产业数据持续走高的背后，是我国文化软实力的不断提升。

我国不断推动公共文化服务设施向公众无偿开放，目前我国多项文化事业的发展取得了突出成绩。2017年，全国有艺术表演团体15742个，比1978年增加12592个，增长3倍，1979—2017年年均增长4.2%；全国艺术表演团体演出场次共计294万场，比1978年增加229万场，增长3.5倍，年均增长4%。2017年，全国艺术表演团体国内演出观众达到12.5亿人次，比2006年增加7.9亿人次，增长170.6%，2007—2017年年均增长9.5%；全国共有公共图书馆3162个，总流通72641万人次，文化馆3327个，有线电视实际用户2.2亿户，其中有线数字电视实际用户1.98亿户；广播节目综合人口覆盖率为98.7%，电视节目综合人口覆盖率为99.1%；出版各类报纸368亿份，各类期刊26亿册，图书90亿册（张），人均图书拥有量6.49册（张）；2017年，全国图书出版种数51.2万种，比1978年增加49.8万种，增长33.2倍，1979—2017年年均增长9.5%；图书总印数92.4亿册（张），比1978年增加54.7亿册（张），增长1.4倍，年均增长2.3%。全国期刊出版种数10130种，比1978年增加9200种，增长9.9倍，年均增长6.3%；期刊总印数24.92亿册，比1978年增加17.3亿册，增长2.3倍，年均增长3.1%。全国共有档案馆4237个，已开放各类档案13806万卷（件）。[①]中国目前已成为世界第二大电影消费国。截至2017年，我国年产电影798部，全国电影总票房301.04亿元，而电影产业带动相关产业规模超过887亿元，占票房总额的53.84%，全国新增银幕9597块，银幕总数已达到50776块，稳居世界第一。全国共出版图书、期刊、报纸、音像制品和电子出版物485.23亿册（份、盒、张），其中出版图书92.44亿册（张）。截至2017年底，我国网络使用人群规模达7.51亿，互联网普及率为54.3%；网民中手机上网普及率达到96.3%，报告显示，我国网络视频用户规模达5.79亿，网络游戏用户规模达到4.56亿，网络文学用户规模达到3.74亿。由于互联网的便捷性和巨大的信息量，也使网络成为丰富人民群众文化生活的又一个主要途径。截至2017年底，全国广播综合人口覆盖率为98.7%，比1985年提高30.4个百分点；全国电视综合人口覆盖率99.1%，比1985年提高30.7个百分点。全国居民家庭彩色电视机拥有量从1990年平均每百户16.2台，到2017年平均每百户122.2台，增长6.5倍，1991—2017年年均增长7.8%。

基本公共文化设施逐渐完善。据不完全统计，2017年，全国共有

①《中华人民共和国2017年国民经济和社会发展统计公报》［EB/OL］（中国国家统计局，2015年版）。

群众文化机构44521个，比1978年增加37628个，增长5.5倍，1979—2017年年均增长4.9%；博物馆4721个，比1978年增加4372个，增长12.5倍，年均增长6.9%；公共图书馆3166个，比1978年增加1948个，增长1.6倍，年均增长2.5%。此外，“三馆一站”公共文化服务设施全部免费开放，基本实现了“县有公共图书馆、文化馆，乡有综合文化站”的建设目标。对“读书看报、收听广播、观看电视、观赏电影、送地方戏、设施开放、文体活动”等7大基本公共文化服务项目，制定指导标准，明确保障底线，基本公共文化服务标准化、均等化建设得到加强。深入实施广播电视村村通、文化信息资源共享、农家书屋等重大文化惠民工程，公共文化服务能力和普惠水平不断提高，群众性文化活动日益丰富。

（四）对外文化交流硕果累累

文化是沟通人与人心灵和情感的桥梁，是国与国加深理解和信任的纽带。中国是一个具有悠久历史的文明古国，在走向世界的历史进程中，璀璨夺目的中华民族优秀传统文化具有极大的魅力，对其他国家和人民有着强大的吸引力。多年来，中国特色社会主义文化建设始终坚持马克思主义理论的核心地位不动摇，但同时开放性又是我国文化建设的重要特点之一。在全球化背景下“闭门造车”式地进行文化建设是行不通的，因此在我国步入文化转型期后，文化的交流与合作日益成为文化建设的一条新途径。改革开放40年，中国对外文化交流迎来了欣欣向荣的新时期。一个以我为主、政府主导，与国家政治外交大政方针相适应、与国家整体经济发展状况和国内社会主义精神文明建设相适应、与对外文化工作自身发展要求相适应，中央与地方相结合、政府与民间相结合的对外文化工作格局已经形成，对外文化交流的规模和范围不断扩大，交流的广度和深度不断发展，内容与形式更加丰富多彩，渠道与层次更加多样。

改革开放以来，随着《关于进一步加强和改进中华文化走出去工作的指导意见》《关于加快发展对外文化贸易的意见》《关于加强“一带一路”软力量建设的指导意见》等文件先后印发，统筹对外文化交流、文化传播和文化贸易，讲好中国故事，传播好中国声音，文化走出去的力度空前加大，我国在文化对外交流中收获颇丰，这些成果体现在文化的输出上。如，举办中法文化年、中非合作论坛，在海外多个国家设立孔子学院等，都具有一定的声势和影响力，取得了良好效果。根据教育部统计数据，截至2016年中国与世界上157个国家签订了文化合作协定，与200多个国家和地区有不同形式的文化往来，与数千个外国和国际文化组织保持着各种形式的联系。交流范围涉及文学、艺术、文物、图书馆、博物馆、新闻、出版、广播、电影、电视、体育、教育、科技、卫生、青年、妇女、旅游、宗教等诸多方面。音乐、舞蹈、美术、杂技、文学、摄影等各领域的艺术家们，以中国文学艺术要走向世界，力争在世界文化领域取得领先地位的雄心和魄力，以及娴熟的技巧，良好的竞技状态，参加了许多高水平的国际艺术比赛，取得了优异的成绩。其中包括我国优秀传统民族艺术形式，如，杂技、中国画、戏曲等；还有我国从国外引进的艺术品种，如，芭蕾舞、西洋乐器（钢琴、小提琴、吉他）、美声唱法等。这些艺术“舶来品”经过我国艺术家的吸收和加工，既保留了原有的艺术风格，又赋予了新的内容。当中国艺术家向世界各国同行展示我国“洋为中用”的成果时，受到了热烈欢迎。截至2016年底，我国国际广播电台在全球拥有101家海外整频率播出电台，每天播出近3000个小时节目，覆盖50多个国家的主要城市，约5亿人口；在海外建有地区总站、驻外记者站、节目制作室、广播孔子课堂等近100个机构和4115个听众俱乐部，汉语覆盖全球98%以上的受众。2016年，国际广播电台受众反馈（互动）总量达5530万；开设社交媒体账号228个，粉丝总数8117万；媒体日均阅听量约2600万。在海外，我们也积极扩大中国文化的影响力。目前，我国已在120个国家和地区建立了440所孔子学院和646个孔子课堂，使世界各国人民能够更多地感受中国文化的魅力；近年来，“一带一路”建设也为我国文化的交流合作提供了平台，我国与沿线国家扩大相互间留学生规模，开展合作办学，中国每年向沿线国家提供1万个政府奖学金名额；沿线国家间互办文化年、艺术节、电影节、电视周和图书展等活动，联合申请世界文化遗产，深化沿线国家间人才交流合作；为了加强对外话语体系建设，紧扣中国梦进行宣传，用鲜活生动的故事阐释中国发展道路的深刻内涵和独特优势。面对全世界出版的《习近平谈治国理政》被译成22个语种、25个版本，在海内外已经发行了625万册，中国理念、中国制度、中国方案得到越来越多国家和地区的理解和认可。当前，中国特色社会主义文化建设基本形成了覆盖面广、深层次、形式多样的对外文化交流的新格局。在大力推动、实施中华文化走出去，开展对外文化援助项目的同时，积极引进世界优秀文化。自20世纪90年代起，先后举办“国际交响乐音乐年”“国际歌舞年”“国际美术年”等国际艺术主题年活动，集中引进世界一流的文化产品。进入新世纪，搭建了“北京国际音乐节”“亚洲艺术节”“中国国际民间艺术节”等国际文化交流平台，架设了中外人民和艺术家沟通的桥梁，同时也奠定了中国作为亚洲国际文化活动中心国的地位。通过开展双边、多边、地区间和国际间的文化合作，强化了我国在国际多边文化事务中的话语权。1989年，我国加入联合国教科文组织《关于禁止和防止非法进出口文化财产和非法转让其所有权的方法的公约》，1997年加入国际统一私法协会《关于被盗或非法出口文物公约》，先后从英国、美国、日本、丹麦等国追回多批流失文物。2006年我国以高票当选为保护非物质文化遗产公约政府间委员会委员国，参加《保护世界文化和自然遗产公约》和《保护非物质文化遗产公约》，进入国际博物馆协会、国际古迹遗址理事会、国际文化财产保护与修复研究中心领导层，使我国在国际保护文化遗产规则制定过程中有了话语权。

综上所述，改革开放以来，中国先进文化发展的足音铿锵有力，一系列发生在文化领域内的大事、喜事，让我们驻足凝眸间看到的是一个前进中的文化中国。而这也越来越成为当代中国为世界所瞩目的魅力所在。

（五）文化体制改革不断推进

坚持推进文化体制改革，创新文化发展理念，解放和发展文化生产力，推动文化事业全面繁荣、文化产业健康发展，大幅度提高了人民基本文化权益保障水平，大幅度提高了文化在经济社会发展中的地位和作用。通过文化体制改革，打破了长期束缚文化生产力的制度和体制藩篱。

2006年1月，中共中央、国务院发布《关于深化文化体制改革的若干意见》，全面阐述了文化体制改革的指导思想、目标任务和原则要求。文化体制改革积极稳妥推进，文化及相关产业蓬勃发展。近年来，从国家到地方高度重视文化产业的发展，陆续制定了一系列鼓励文化产业发展的政策，扶持文化产业的发展，为文化产业的交流搭台，各种级别的文化产业博览会为推动文化的产业化发挥了重要作用。我国文化管理体制已逐步理顺，国有文化单位活力不断增强，文化产业发展势头日益强劲，文化市场环境进一步好转。

党的十八大以来，在以习近平为核心的党中央坚强领导下，按照中央全面深化改革的总体部署，宣传文化战线高举改革旗帜，聚焦“四梁八柱”，锐意攻坚克难，统筹落实党的十八届三中、四中、五中、六中全会有关任务，推动文化体制改革在新的起点上向纵深发展，取得一批标志性的重大制度创新成果，激发了文化创新创造活力，促进了文化事业和文化产业繁荣，增强了人民群众文化获得感，社会主义文化建设开创了新的局面。

一是，加强顶层设计，文化体制改革总体框架确立。党的十八大以来，习近平总书记高度重视文化建设，将其纳入“五位一体”总体布局和“四个全面”战略布局进行谋划，就文化改革发展的一系列重大问题作出了深刻阐述。在习近平总书记重要讲话精神指引下，制定《深化文化体制改革实施方案》，编制《国家“十三五”时期文化发展改革规划纲要》，出台“两个效益”相统一、媒体融合发展、特殊管理股试点、新闻单位采编播管岗位人事管理制度改革、采编和经营两分开、文艺评奖改革、构建现代公共文化服务体系、实施中华优秀传统文化传承发展工程、国际传播能力建设等40多个改革文件，细化了改革的路线图、时间表、任务书，搭建起文化制度体系的“梁”和“柱”。在此基础上，建立任务台账、加强督察问效，确保各项改革任务落地生根。截至目前，党的十八届三中、四中、五中、六中全会确定的104项文化体制改革任务已完成97项，其余7项正在抓紧推进之中。

二是，坚持把社会效益放在首位，确保社会效益和经济效益相统一的体制机制不断健全。文化产品兼具意识形态属性与商品属性、教育功能与娱乐功能，能否正确处理社会效益和经济效益的关系，是深化文化体制改革需要解决好的重大基础性问题。目前，全国178家省属重点文化企业中，绝大多数企业明确把“社会效益第一、社会价值优先”的经营理念写入企业章程，其他企业将在修改章程时予以明确；113家从事内容创作生产传播的企业建立了编辑委员会、艺术委员会等专门机构。此外，文化立法步伐加快，新制定颁布了《网络安全法》《电影产业促进法》《公共文化服务保障法》，我国文化领域法律从原来的4部增加到7部，确保文化健康发展的法律环境不断优化。

三是，优化结构、提升质量，文化产业规模化、集约化、专业化水平明显提升。文化产业是朝阳产业、幸福产业，无论对于满足人们多样化的精神文化需求，还是推动经济发展转方式、调结构，都具有重要意义。十八大以来，积极适应经济发展新常态，深化文化领域供给侧结构性改革，构建现代文化市场体系和文化产业体系，文化产业呈现快速健康发展态势。近年来，在整体经济下行压力较大的背景下，文化产业始终保持两位数的增长速度，文化改革发展取得重大进展和显著成效，文化产业增加值占GDP比重逐年提高，2005—2017年年均增长比同期GDP高6.3个百分点。2017年，我国文化产业固定资产投资额达38280亿元，比2005年增加35484亿元，增长12.7倍；文化产业固定资产投资占全社会固定资产投资的比重为6.1%，比2005年提高2.8个百分点。经初步测算，2017年我国文化产业实现增加值35462亿元，比2004年增长9.3倍；2005—2017年年均增长19.7%（未扣除价格因素影响，下同），比同期GDP现价年均增速高6.3个百分点，文化产业呈现出快速增长的态势。从对国民经济增长的贡献看，文化产业增加值占GDP的比重由2004年的2.15%提高到2017年的4.29%，增加了2.14个百分点，占比逐年提高，对GDP增量的贡献年平均达到4.7%。同时，文化产业因资源消耗低、环境污染少、科技含量高，具有低碳经济、绿色经济的特点，为国民经济转型升级和提质增效提供了有力支撑。从2017年第九届“文化企业30强”整体情况看，规模实力、市场竞争力和盈利能力不断增强，主营收入3515亿元，净资产4318亿元，净利润381亿元，与2012年相比，分别增长了120%、155%、69%。根据工商总局数据，截至2017年6月底，全国文化及相关产业企业数量超过322万户，同比增长22.4%，比全国企业数量平均增速高出3.1个百分点。

三、中国特色社会主义文化建设的基本经验

改革开放40年来，我们党积累了很多文化建设的经验，这些经验

的取得离不开我们党在探索中国特色社会主义文化发展道路中的辛苦付出。将这些经验进行系统的提炼、概括和总结，对中国特色社会主义文化建设事业的长远发展具有十分重要的理论价值和现实意义。一个民族文化的源远流长意味着这个民族在世界民族之林中经久不衰，意味着这个国家的国际竞争力越来越强，意味着这个国家的人民拥有着巨大的民族自豪感。新时期中国特色社会主义文化建设会受到一系列内外因素的影响和冲击，这就需要我们认真总结党在新时期探索中国特色社会主义文化发展道路的基本经验，并将这些经验上升到理论高度，为中国文化在发展中不断战胜各种风险挑战、最终走向繁荣振兴提供正确的理论指导和不竭的力量源泉。

（一）立足中国国情，尊重文化建设的客观规律

文化建设与其他各项事业一样，都是在一定的国情背景下进行的。进行文化建设的基本依托和必要依据是正确认识国情。中国特色社会主义文化建设是在当代中国的具体国情背景下进行的，这就要求我们的社会主义文化建设不能离开我国社会主义初级阶段的基本国情，不能离开我国社会主义初级阶段的客观发展规律而“纸上谈兵”。20世纪50年代末，在我国社会主义文化建设中曾出现过脱离国情、脱离实际、急于求成的“冒进”倾向，片面夸大了人的主观意志的作用，离开现实去片面发挥人的主观能动性，甚至以群众运动的方式搞文化建设，结果欲速不达，使社会主义文化建设事业受到严重干扰和破坏，给我们留下了深刻教训。党的十一届三中全会以后，党中央恢复和确立了党的实事求是思想路线，正确分析了社会主义初级阶

段的具体国情，根据社会主义初级阶段的具体实际来领导我国的文化建设。邓小平曾经多次提出：我国当前所有的建设和发展都必须要以中国的基本国情为参照，必须量力而行，有步骤分阶段地稳步进行。在文化建设上也是如此。正是在这种情况下，我们党在文化建设中注重从社会主义初级阶段的具体国情和文化建设的具体实际出发，针对当代中国文化发展的实际需要来制定文化建设的理论、路线和政策，并尊重当代中国文化发展的客观规律，在实践中积极探索，稳步前进，从而推动了中国特色社会主义文化建设事业顺利、有序地开展，开拓了我国社会主义文化建设的新局面。

国情在变化，实践在发展。中国特色社会主义文化建设事业也要不断发展，对中国特色社会主义文化发展道路的探索要不断深化。因此，在正确认识和把握当代中国基本国情的前提下，党要勇于实践，勇于探索，勇于创新，把中国特色社会主义文化建设事业不断向前推进。

（二）树立高度文化自觉，重视文化的社会作用

文化自觉这个概念是费孝通于1997年在社会文化人类学高级研讨班上提出的，目的是为了解决在世界文化交流日渐频繁的当今社会不同文化间的交往问题，在面对外来文化的冲击时能够保持理解和包容的心态，同时要不断对本民族文化进行深刻反思，了解它的历史，认识它的现在，知晓它未来的发展方向。这样才能在坚持本民族文化传统的前提下，兼收并蓄，增强本民族文化的活力与影响力。

文化自觉作为一种高度文明的精神价值观念，其自身具有良好的创造性和开拓性。在当今时代，高度的文化自觉将有助于推动我国社

会主义文化建设事业的腾飞，进而促进我们社会的整体发展。文化自觉作为先进的思想观念，能够对现有文化价值观、文化政策、文化体系等进行及时的修正和调整，规避文化建设中可能出现的风险和失误，以使我们少走弯路，保证文化建设事业的顺利发展。从我们党领导中国文化建设事业的历史可以看出，在不同时期领导中国文化建设的进程中，党始终注意树立高度的文化自觉，通过对文化的过去、现在和未来的科学认识和把握，制定出一系列符合中国文化建设实际的路线、方针和政策，从而领导中国文化建设不断取得重大成就。在当今的国内外环境下，中国共产党应当更加重视文化自觉的重要作用，并且以高度的文化自觉来发现和认识文化发展的规律，推动社会主义文化建设事业的不断发展。

（三）大力弘扬求真务实精神，开创文化发展新局面

求真务实，是我们党一贯坚持的辩证唯物主义和历史唯物主义的立场、观点和方法，是党的思想路线的重要内容。“求”就是指不断探索；“真”就是指真实、不假；“务”就是指致力、从事；“实”就是指实在、不虚。在文化建设上坚持求真务实，就是要立足我国现阶段文化建设的具体实际，深刻认识和把握我国文化发展的客观规律，脚踏实地、真抓实干，认认真真地进行文化建设，切实研究和解决现阶段我国文化改革发展中所遇到的各种困难和问题，不断开拓社会主义文化发展的新道路。首先，求真务实是我们党一贯坚持的优良传统，是保障我国文化建设事业不断取得胜利的必要条件。党在新时期探究社会主义文化发展新道路的历程，证明了在建设中国特色社会

主义文化过程中必须以求真务实的态度和精神作为我们工作的基本要求，在文化工作中不搞形式，不走过场，不做无谓的说教和空谈。只有认认真真、脚踏实地、埋头苦干，才能真正搞好文化建设，开创文化发展新局面。其次，求真务实体现了马克思主义所要求的理论和实践具体的、历史的统一。中国文化是从中国古典文化继承而来的，是中华民族的血脉，新时期我们要坚持以马克思主义指导文化建设，就必须以求真务实的态度和精神深入实际、深入生活、深入实践，在实践过程中、在实际工作中不断积累文化建设和改革的经验。如果双脚离地，不接地气，文化建设只能是纸上谈兵，最终成为一纸空文。最后，求真务实必须结合新时期的新实践，努力贯彻到文化建设的各项具体工作之中去，这样求真务实的态度和精神才能转化为巨大的物质力量。新时期我党对中国特色社会主义文化发展道路的成功探索，充分说明在文化建设中坚持求真务实的重要性和必要性。

当前，我国正处于并将长期处于社会主义初级阶段，我国的社会主义文化建设也必须与社会主义初级阶段的基本国情相适应，并且需要我们在实践过程中做好长时间艰苦奋斗的思想准备。我们要求社会主义文化建设规律之真，务必抓好文化建设和文化发展之实；要求发挥人民群众在文化建设中的主体作用之真，务必满足广大人民群众日益增长的精神文化需要之实，切实贯彻落实党和国家关于文化建设的各项方针政策，付诸实践、见诸行动，取得切实的效果。要把文化工作的着力点真正放到文化改革发展中的一些重大战略性问题上，放到解决文化工作中的实际问题上，切实做到以求真务实的精神和态度去抓文化的发展与建设，真正把握文化建设中的“真”与“实”，只有这样，文化建设才能真正收到实效。

（四）坚持文化改革创新，为文化发展注入崭新活力

创新能够引领时代的进步，也是推动文化繁荣发展的重要手段和根本性动力。新时期党在探索中国特色社会主义文化发展道路的伟大实践中，始终十分注重对文化的改革和创新。党的十六大对深化文化体制改革作出了重大部署，在新的历史起点上拉开了文化体制改革的序幕。从党的十六大到党的十九大，文化体制改革从最初的小规模示范基地，到逐步扩大试验区域，通过不断总结和积累改革经验，然后加快推进全面开展，再向深入推进，已经取得了重大成就。中国特色社会主义文化发展道路，也可以说是新时期党对文化改革不断探索所取得的新成果。

在文化改革向纵深发展的今天，要不断深化文化领域中的改革创新，在培育新的文化市场主体、建立统一开放竞争有序的现代文化市场、转变政府的文化管理职能等方面作出更进一步的努力。要形成适合中国特色社会主义文化繁荣发展的体制机制，就要不断深化文化领域中的改革创新。对于具有公益性的文化单位要针对其特性进行改革，积极培育出新的市场主体参与文化建设，使文化产品在现代化的文化市场中得到繁荣和发展。进一步推进与文化相关的行政管理体制改革，增强政府的文化社会职能，明确政府和文化企事业单位之间的关系。逐步出台规范文化发展领域的法律法规，并且出台相关政策予以保障。同时，多与其他国家进行文化交流，鼓励优秀演出团体到国外进行演出，不断增强中华文化的世界影响力。

第五章
中国特色社会主义文化建设的现实问题与路径选择

推进社会主义文化强国建设，是贯彻习近平新时代中国特色社会主义思想的重要内容，也是实现中华民族伟大复兴的内在要求。实现十九大提出的文化建设战略目标，将文化建设的各项任务落到实处，必须充分认识当前文化建设所面临的问题，并针对问题提出相应的解决途径。

一、中国特色社会主义文化建设的现实问题

改革开放以来，中国特色社会主义文化建设成就斐然，人民精神文化水平得以提高，公民思想道德修养也得到了明显的改善，文化产业蓬勃发展，人民群众文化生活也日益丰富。在充分肯定取得的成就基础上，我们也要清醒地认识到，随着开放步伐的加大，外来思想文化的逐渐渗透，导致思想文化领域出现多元化的趋势。文化的多元一方面极大地丰富了思想文化内容，另一方面也对中国特色社会主义文

化的建设发展造成了冲击，诸如经济高速增长引发的经济发展和文化发展不完全平衡的现象、传统文化中的消极因素对文化建设带来的一系列不良影响等，它们是构成中国特色社会主义文化建设存在诸多问题的主要原因。

（一）价值观念多元化的阻碍

在全面改革开放的今天，我国正处在经济由飞速发展向高质量发展的重要转型时期，各阶级阶层之间的利益冲突不断，多种多样的价值观发生着不可避免的融合与碰撞，其结果就是导致一部分人价值观念出现混乱，对正确与错误的认识和理解出现了各种偏差，随之也滋生出很多社会问题。

“新旧文化模式间的冲突与对抗的产生原因，主要是由于旧文化模式无法在社会文化发展进程中占据主导地位，进而无法继续有效地规范社会行为。”①价值观和人生观是文化素养的核心和标志，并在一定的条件下保持相对的稳定和持久，也是社会价值体系内容中不可或缺的组成部分。以马克思主义作为思想指导，以社会主义核心价值体系来引领全社会的共同思想进步，成为我们不断地努力建设社会主义现代化强国的重要导向。当我国社会逐渐进入到一个飞速运行发展阶段，社会的开放性使社会环境面临多样化，各种社会思潮以及多元化的价值观念相互冲击，人们的生活方式、价值取向和思想观念等方面经历着多元化趋势的影响，导致人们在价值观和思想认识上的差别日

①郭洁敏：《试论国际关系中的文化冲突》，《现代国际关系》，2003年第9期。

益增大。此外，我国经济发展伴随着社会改革开放，现代化的持续增长，扩大了传统文化与现代文化的冲突；社会阶层在市场化经济的推动发展下显现出来的逐级分化，催生了大众文化与高端文化的冲突；开放宽松的国内环境下，社会经济成分的日益多样化，催生了一元文化与多元文化的冲突。社会主义内外文化间的相互作用，表现出不同文明之间的冲突与融合。文化冲突与融合不是绝对的而是相对的，两者之间是辩证统一的关系，冲突之后是融合，融合之中有冲突。文化的冲突与融合除了发生在同一民族文化内部，更多地发生在不同民族文化之间。在碰撞与融合的相互促进下，一种文化迅速地壮大，另一种文化的元素就会转移或融入前者之中去。社会主义文化建设既不是消灭文化冲突、缓解文化间的矛盾，也不是试图通过维持矛盾着的文化使之达到均衡的状态，而是要在符合文化自身发展规律的前提下，用和谐的价值理念来疏通文化冲突，以实现文化发展的新飞跃。但是，这一过程注定是漫长而艰辛的。

（二）传统文化匮乏的影响

社会主义初级阶段的历史任务是建设具有中国特色的社会主义现代化强国，实现中华民族的伟大复兴。为完成这一历史任务，实现文化发展目标，首先就要解决如何看待传统文化的问题。目前，关于如何对待传统文化的态度存在着两种错误倾向：一是对中国传统文化盲目地崇拜，拒绝接受外来文化，过分强调等级尊卑观念，把一些因过分讲究而不注重效率的繁文缛节等糟粕视为精华。二是历史虚无主义，认为传统文化毫无用处，一味追求西方外来思想，把中华民族传统文化视为封建愚昧落后的东西。之所以出现上述错误倾向，主要原因出自三个方面。

第一，传统文化评价标准模糊。传统文化是经历历史的长期磨合后才逐渐形成的，在人类文明的发展长河中，闪烁着许多耀眼的思想光芒。但针对传统文化的价值标准，由于历史上各个时期相关的历史学家和文化学家存在着不同的观点和理论方法，于是在传统文化的形成发展过程中，长久以来也就没有产生一个相对清晰的系统评价标准。正是由于对待传统文化的评价标准一度模糊，导致我国历史发展过程中产生了多次破坏传统文化思想意识的现象。众所周知，在我国古代的春秋战国时期，先秦文化的诸子百家思想竞相绽放，各种思想学派相互竞争发展，涌现出多位文化领域的思想大家，加快了我国文化思想意识的变革速度，形成了一个良好的思想文化发展趋势，奠定了许多文化思想理论的根基。然而，一方面由于秦朝统治的政治需要，另一方面由于对传统文化评价标准错误的判断，导致焚书坑儒，百家争鸣现象从此凋敝。

第二，完全抛弃传统文化从而阻断了文化发展。改革开放初期，人们的文化思想意识无法适应不断加快的社会发展步伐，对于传统文化的何去何从，出现了评价标准上的不同声音。一些人认为，“既然倡导了改革开放，与其畏手畏脚，不如特干大干，一次到位地实行‘开放’政策”。这些人将我国传统文化的价值批判得一无是处，错误地认为，“传统文化的存在阻碍了改革开放，应将传统文化完全抛弃”。然而，事实无可辩驳地告诉我们，改革开放经历了40年之后，那些彻底抛弃传统文化的“开放”做法不仅阻断了文化发展的正常进程，而且还在一定程度上扰乱了社会发展的正常秩序。

第三，传统文化的腐朽现象对文化建设的消极影响。中国传统文化中的精髓是我们在建设中国特色社会主义文化时需要大力弘扬和发展的，但是由于我国文化思想以及文化体制的一部分是在皇权统治的封建集权制度下形成的，因此不可避免地带有一些消极的因素。一是缺乏平等民主的意识，只注重门第等级观念。由于长期以来受到封建制度束缚，绝对服从封建皇权的观念和等级制度的思想根深蒂固，导致在当前社会现实生活中还残存着家长制、任人唯亲、以权谋私、官官相护、裙带风等现象。二是保守自满、缺乏开拓意识。中国传统文化一直都认为华人以外均为“蛮夷”，有一种强烈的以自我为中心的思想观念，自认为中国地大物博、资源丰富，在文化上一直以文明古国自居，拒绝接受外来文化，久而久之形成了自满闭塞和夜郎自大的心态，使得中华民族在发展中失去了动力与进取心，导致中国文化在近代发展过程中停滞不前，日益衰落。三是重义轻利，缺乏追求物质利益意识。中国传统文化中重仁义、轻利益的特点造成人们单纯追求精神上的安贫乐道，放弃对物质生活和利益的追求，一味寻求仕途而放弃对科学技术的探索。显然，这种只重视精神却忽视物质的意识妨碍了中国生产力的全面发展和社会的文明进步。

（三）文化产业竞争力的相对薄弱

目前，我国的文化产业已经形成了初步的规模，但还存在着一定的问题，文化产业竞争力低，需要采取相应措施使我国文化产业的内在潜力得到充分发挥。

第一，文化产业管理体制不健全。我国部分地方政府对文化产业的管理还沿用以往的管理方式，政府包办文化建设和文化管理的所有事务，对文化的特殊属性缺乏科学的分析和管理。多头管理、条块分割、政企不分等问题普遍存在，服务功能弱化，使得文化事业滞后于市场经济的发展。第二，缺乏与文化产业相关的法律和政策。当今社会，任何一项事业的发展都需要与其相适应的法律政策的支持和约束，只有这样，才能使其在一定的规章制度下发展，并且得到政策上的支持。我国还少有发展文化产业的法律法规，因而对文化产业的发展没能实行真正统一而有效的管理，相关政策的激励和鼓舞作用较弱，不利于调动人民群众的积极性和主动性。第三，文化产品的内容和传播方式落后。我国的文化产品按理应该与社会主义市场经济体制相适应，应该与文化全球化的形势相适应，但目前它不管在内容上还是手段上都有滞后性。文化产品的内容没有充分反映当今社会的现实状况，就不能引领人们的思想文化跟上时代潮流，就不能有效地指导人们的生活和实践方式。我国有相当一部分文化产品的传播还停留在传统的技术层面上，缺乏高新技术的引领，落后于发达国家，从而缺乏吸引力和竞争力。

（四）西方文化渗透产生的冲击

文化多元化的渗透性给许多国家带来了不同的文化契机，原本由于地域范围的限制而存在的国家之间，能够打破地理环境上的差异，建立起文化间的相互交流框架，然而也出现了不同文化之间的摩擦、交锋现象。新中国成立以来，西方资本主义国家对我国实施的文化渗透从未停止过。西方意识文化的渗透导致一些思想意志薄弱者和涉世不深的青少年对中国特色社会主义理想信念产生了动摇，而转向崇拜西方资本主义的价值观念，同时民主社会主义等流派采取各种手段否定我国的社会主义核心价值体系，冲击社会主义核心价值观，试图彻底否认西方文化对我国民族文化所产生的不良影响。

第一，崇洋媚外现象凸显负面效应。改革开放以来，东西方意识形态的交锋从未停止。主张开放与怀疑开放的观点、是正确地借鉴吸收还是一味崇洋媚外的矛盾始终没有消失过。其中，有的人对改革开放的政策抽象肯定，具体否定；还有的人以“全盘西化”为借口，提出“西体中用”的荒谬论点等。这类现象的凸显表明，我们在学习西方先进文化的同时，一定要注意甄别崇洋媚外的错误思想。崇洋媚外是“全面西化”的殖民主义产物，认为只要是西化的东西都是最好的，认为只有在西方国家所宣传的普世价值观的引领下才能实现国家的进步发展。这种不经过充分思考、对比的一味迎合西化的行为方式，是对西方文化思想达到近乎盲目的痴迷与崇拜的一种表现。

第二，狭隘民族主义观念限制改革开放。20世纪初，西方民主科学通过各种方式传入中国，对我国的传统文化造成了强烈的冲击，中国知识分子阶层的民族情结、崇古排外的情结也从未削弱过。这种与民族主义纠缠在一起的情绪，导致了在相当长的时间内对西方文明的盲目排斥，错误地将爱国与否跟如何对待西方文明的态度挂起钩来。在这种强烈的民族意识驱使下，知识分子必然会对“传统”与“现代化”的接触产生负面情绪，从而阻碍中国现代化的前进步伐。

（五）文化建设发展的失衡

习近平总书记在党的十九大报告中指出：我国社会主要矛盾已经转化为人民日益增长的美好生活需要和不平衡不充分的发展之间的矛盾。从“物质文化需要”到“美好生活需要”的变化，不仅反映了社会发展历史阶段的实际情况，也体现了人民对国家和社会发展的强烈愿望。这种愿望与国家发展相连，与民生福祉相关，是实现中华民族伟大复兴中国梦的集中体现。美好生活需要是全方位的、系统性的社会发展要求，作为“五位一体”总体布局的文化建设部分，应是社会主要矛盾中所讲的发展比较不平衡、不充分的那一部分。

第一，经济、文化发展不平衡。改革开放以来，我国积极发展社会生产力，所以在经济领域有了突飞猛进的发展。据国家统计局统计，从2009年至今，我国的国内生产总值一直稳居世界第二且大幅增加，我国人均国民总收入也大幅提高，2012年为5870美元，2013年为6710美元，2014年为7400美元，2015年约为7880美元，2016年约为8260美元。相较于我国经济的迅猛发展，文化建设则处于滞后状态。一是文化产业占国内生产总值比例小。自从党的第十六次全国代表大会首次明确提出要大力发展文化产业以来，文化产业已经成为我国经济发展的支柱性产业之一，但与制造业、建筑业、金融业等行业比起来，它在国内生产总值中的占比量相对较小，还有巨大的发展空间。据国家统计局统计，我国文化产业的增加值占国内生产总值的比例2012年是3.48%，2013年是3.63%，2014年是3.76%，2015年是3.97%，2016年是4.14%，2017年是4.2%。由数据可知，虽然每年文化产业的增加值占国内生产总值的比例有所增长，但增长比例较低。二是人们文化消费的比例较低。在人们的日常生活中，食品烟酒、衣着、住房、交通通信、生活用品和教育文化娱乐等多方面均需要消费支出。据国家统计局公布的统计数据，2017年全国人均消费支出是25974元，用于教育文化娱乐方面的支出是2086元，而用于食品烟酒方面的支出是5374元。由数据可知，用于教育文化娱乐方面的支出占全国人均消费支出的比例为10.6%，然而用于食品烟酒方面的支出占全国人均消费支出的比例高达31%，可见，我国恩格尔系数之高。这不仅需要我国推进经济的大发展，让人们拥有更多可支配的收入来促进文化消费，还要通过提高文化产品的质量、培养文化人才等手段来大力发展我国的文化产业才行。面对我国文化发展与经济发展失衡的现象，我们要清晰地看到文化对经济的促进作用，通过大力发展文化产业来推进文化建设的快速发展，促进经济和文化的协调发展才是正道。

第二，城乡、区域文化发展不平衡。受我国各个地区经济发展不平衡的影响，农村地区的文化建设落后于城市的文化建设，农村居民的文化生活也落后于城市居民的文化生活。同时，由于受地理、人文与国家政策等因素的影响，我国区域文化发展水平差距很大。北京、上海等具有经济优势的东部地区的文化发展要优于东北地区、中部地区，尤其是西部地区。尽管自2003年十六届三中全会提出“统筹城乡发展”战略以来，国家作出了很大努力，但城乡、区域文化发展不平衡的现象仍然存在。其主要表现，一是农村和欠发达地区的文化基础设施比较落后。在传统的发展体制中，我国优先发展沿海的一些城市，我国的文化建设也向城市倾斜，而农村和欠发达地区的文化基础设施较为落后。这不仅需要政府加大对农村和欠发达地区的匹配现代生活的文化设施建设的力度，更需要让这些地方经济发展起来，让人们有能力进行文化消费。二是农村和欠发达地区的文化人才相对短缺。受经济发展程度和工资待遇水平等因素的影响，一些高素质的文化人才都愿意去经济比较发达的城市发展，不愿意去生活条件相对艰苦的农村，这就造成农村和欠发达地区的文化人才流失严重，而这些文化人才恰恰是文化建设的主体力量。这就需要汇集政府部门、企业投资机构等力量，给予文化人才生活上的保障和工作上的资源支持，通过制度的设计吸引人才到这些地区来从事文化建设。三是农村和欠发达地区人的文化消费水平相对较低。相较于城镇，我国农村居民的文化消费水平比较低。由于农村和城市生活水平的差距，生活在城市里的人能够消费、享受到丰富多彩的文化生活，农村大多数人仍以看电视作为主要的文化消遣活动。而且随着经济建设的快速发展，农民进城务工现象普遍，虽然他们对城市的建设作出了很大的贡献，但是受劳动强度与经济条件等因素的影响，享受到的精神文化生活质量不高。由于受到农村和欠发达地区的文化基础设施落后、文化人才资源的缺乏以及人们消费水平较低等因素的影响，导致我国城乡、区域文化发展不平衡。要做好全国的文化建设工作，必须要统筹城乡、区域文化协调发展，否则两极分化会愈加严重。这也是我国实现文化大发展大繁荣的必然要求。

第三，优秀传统文化在文化建设过程中的作用发挥不够。传统文化是在漫长的历史发展过程中逐渐形成的能够反映出民族特征和风采的民族文化。全世界有两千多个民族，每一个民族都有属于自身的传统文化，传统文化是民族的根基与灵魂。所以，要想实现我国由文化大国到文化强国的跨越，就必须继承并充分发挥优秀传统文化在文化建设中的作用。但当下优秀传统文化的作用却没有得到充分的发挥，主要体现在：一是优秀传统文化保护力度不够。传承优秀传统文化是确保传统文化在文化建设中发挥作用的前提，然而我国对一些传统文化保护力度不够，甚至部分传统文化正濒临消失。据了解，“1959年我国戏曲尚存368个剧种，可是当前只余286个，其中74个剧种只剩下一个职业剧团或戏班，并且伴随老一辈艺术家的相继辞世，许多传统的经典剧目也因此失传”，情况非常危急。甚至一些非物质文化遗产的传承人为了改善生活条件，去旅游景点“打工”或者大街小巷“走穴”，正如中国戏曲学院戏文系主任谢柏梁所说：“在剧团演出收入不如外出‘走穴’，这是体制的悲哀！”[①]还有我国的剪纸、皮影、木版年画、篆刻、珠算、古琴艺术等传统文化，均需要有关部门通过引导年轻人喜欢古老的传统文化，提高民间艺人的生活待遇，鼓励艺人在继承传统的基础上进行文化创新等措施来加强其保护力度。二是优秀传统文化价值观念普及力度不够。尽管在文化建设过程中我国越来越重视对优秀传统文化的传承与弘扬，但是优秀文化价值观念的普及力度不够。以包含了优秀传统文化的社会主义核心价值观为例，少有人能将24字的内容熟记于心。尽管受到优秀传统文化保护力度不够和优秀传统文化价值观念普及力度不够等因素的影响，导致传统文化在我国文化建设过程中的作用发挥不够，中华传统文化还有很多需要我

①每两年消失3个剧种：拿什么拯救民间戏曲？[EB/OL].http：//www.xinhuanet.com//local/2015-09/09/c_1116510592.htm。

们挖掘之处，我们一定要让中华民族传统文化的魅力在我国文化建设中充分地展现出来。

（六）国家文化安全问题的凸显

从根本上说，经济的发展和变化决定政治和文化的发展和变化。因此，当世界进入经济全球化之后，政治和文化的全球化进程必然也随之开启。在国与国的交往中，国家安全就是一个非常现实的问题。对于在国际格局中处于劣势的发展中国家来说，国家安全的压力会更加重大。国家安全涉及各个方面，文化安全更是其中一个不容忽视的部分。一个国家在对外交往中能否保证其文化安全，关系到该国的文化主权、民族凝聚力、综合国力和软实力等战略性问题。20世纪80年代，随着我国对外开放程度的日益加深，中国与外国的交往频繁，各个方面都不可避免地受到国外尤其是西方发达国家的冲击，中国的国家安全就成为我们不容忽视的问题，文化安全的维护自然也是其题中应有之义。对于这个问题，党中央始终保持着清醒的认识。十六届四中全会以来，文化安全问题被正式提上了国家战略的层面。从目前的实际情况来看，我国依然存在一些影响文化安全的问题。

第一，马克思主义的指导地位受到冲击。把马克思主义文化观作为中国特色社会主义文化建设的指导思想，是中国共产党在长期的社会主义文化建设实践中得出的结论。但是，马克思主义的指导思想地位正在受到各种冲击和削弱：一些人开始质疑马克思主义的科学性、社会主义的现实性、中国特色社会主义道路选择的必然性和中国特色社会主义制度的优越性，向往西方的价值观和政治学说、政治制度，认为马克思主义过时了；一些人借着学术争鸣的名义，大肆鼓吹指导思想的多元化，主张马克思主义与其他社会思潮共同竞争。造成马克思主义指导思想地位受到冲击的原因主要有三个方面：一是国际共产主义运动处于低潮，而资本主义则明显处于优势地位，这就不可避免地让一些缺乏理性思维能力的人对马克思主义的真理性和社会主义的理想信念产生怀疑；二是在中国特色社会主义建设实践中，由于主客观原因，不可避免地会出现一些曲折，甚至出现较大的失误，再加上少数领导干部贪赃枉法造成的不良影响，也会使一些人对中国特色社会主义道路选择的合理性、中国特色社会主义理论的科学性和中国特色社会主义制度的优越性产生怀疑；三是西方资本主义敌对势力利用我们自身的一些失误，极力通过各种渠道向我国民众兜售其民主价值观，争夺我国意识形态的领导权。

第二，我国的主流意识形态受到冲击。近年来，由于各种价值观和社会思潮的影响，一时间，原来人们信仰的爱国主义、集体主义和社会主义等主流价值观念被各种各样的非主流意识形态所冲击，一些过去已经有定论的历史事件或人物形象被推翻，一些革命先烈被故意丑化；爱国主义被冠以民粹主义的帽子，集体主义被认为过时。近年来历史虚无主义的泛滥就是其突出的表现之一。在历史虚无主义的影响下，一些人或是打着学术研究的幌子，以解密为名，对党史、军史或中华民族历史上的一些英雄和伟人进行所谓的重构，动摇人们原有的精神支柱。如对江姐、刘胡兰等英雄的恶搞，对邱少云、狼牙山五壮士的抹黑，对汪精卫等人的翻案，对中国共产党在抗日战争时期中流砥柱作用的质疑就是此类表现。“除了历史虚无主义外，还有一些人公然通过各种场合否定中国特色社会主义经济和政治制度。”[①]他们或是反对坚持以公有制为主体，认为公有制是造成当前我国所有问题的根源，主张取消国有企业的主导地位，鼓吹全面私有化；或是反对中国共产党的领导地位，鼓吹西方资本主义政治制度的优越性，主张实行三权分立和多党制，主张取消中国共产党对军队的领导，鼓吹军队国家化。这些观点或思潮极大地迷惑了一些人尤其是涉世未深的年轻人，冲击了我国的主流意识形态。

第三，我国的民族文化受到冲击。与世界上许多国家相比，中国悠久的历史和灿烂的文化一直是我们引以为自豪的。继承和发扬这些优秀的传统文化遗产，无疑是展示中国文化软实力的重要手段之一。然而，随着经济全球化的发展，国外的文化资本、文化产业和文化产品不断地涌入我国的文化市场。随之而来的国外的价值观念、意识形态和生活方式，对我国的民族文化和价值观念带来了消极影响。一些中华民族长期坚守的道德标准如勤劳致富、诚信、感恩、爱国主义被怀疑，甚至被认为过时；又如一些文化典籍被少数机构或媒体出于收视率的需要而随意戏说、篡改；再如情人节、圣诞节、万圣节等西方节日受到部分商家或年轻人热捧，而一些传统节日如春节、中秋节、清明节等却被以移风易俗的名义为人所忽视。这些现象如果得不到有效遏制而蔓延开来，势必会导致民族精神的失落，民族群体精神品格的下降，最终会导致信仰危机。

总之，社会主义文化的核心是社会主义核心价值，中国特色社会

---

①《邓小平文选》（第二卷），人民出版社，1994，第210页。

主义文化建设的首要任务和根本目的就是确立起为广大人民群众所普遍接受的社会主义核心价值体系。但由于经济体制的深刻变革，社会转型的加剧，相对滞后的文化建设使我国社会出现了不容忽视的文化失范现象，主要表现为马克思主义意识形态的指导地位受到某种程度的削弱，社会主流价值观受到多元价值观的冲击，干部群众中相当程度上存在着信仰缺失和道德滑坡。尽管我们作了种种努力，但情况仍没有根本转变，这就警示我们，加强社会主义文化建设刻不容缓。

二、中国特色社会主义文化建设的路径选择

在我国社会主义现代化建设总体布局的引领下，在党和人民的共同努力下，大量优秀文化产品涌现，人们的精神文化生活得到丰富，广大民众的基本文化权益得到进一步保障，文化在社会发展中的地位和作用得到凸显；国家文化软实力得到增强，国家的新形象及良好精神风貌得到展现。在共享这些伟大成就的同时，也需要我们对取得这些成就的实践经验进行总结，使我国社会主义文化建设更加稳定、持续地向前发展。“文化全球化不是一种容易实现的承诺，亦不是一种威胁，它仅是多层次、多元化的文化交流、融合——传统的观念受到冲击。”[1]我们面临着信念、价值以及生活方式等多种选择，需要经过狂热之后冷静地寻找一种正确立场。文化影响着政治、经济的发展，

①刘建军：《论当代中国人文化自信的来源》，《文化软实力》2016年第1期，第5页。

反过来，政治也可以影响文化，同时经济进步对文化发展也有促进作用，因此各个民族的文化价值观和政治、经济存在紧密联系，“文化是制度之母”也就不言而喻。因此，为建设中国特色社会主义文化，必须认清文化的地位，从思想政治教育、弘扬传统文化、增强文化核心竞争力、提升文化舆论引导力、加强对外交流等诸多方面切入。

（一）坚持马克思主义的指导地位

意识形态是对社会经济的直观反映，也为文化的发展提供指导方向，建设怎样的文化，如何引导文化发展，这是中国特色社会主义文化建设首先要考虑的问题。在新世纪新时代，坚持马克思主义在文化建设中的主导地位，就是坚持了中国特色社会主义的发展方向。以马克思主义作为中国特色社会主义文化建设的指导，这是经过改革开放以来的长期实践所证明的科学论断。

首先，坚持正确的指导方针。中国特色社会主义文化建设，需要正确的指导思想作为前提，这就要求始终坚持马克思主义在文化建设过程中的指导地位。一方面，巩固马克思主义在中国特色社会主义文化建设中的指导地位，能够确保中国特色社会主义文化建设沿着正确的方向前进。马克思主义强调经济基础决定上层建筑，文化是意识形态层次的主要内容，也是对经济基础的主要表现和直观反映，所以文化建设要适应经济基础的发展，并在一定程度上影响和推动经济的发展，我国经济制度的基本形式是以公有制为基础，多种所有制共同发展，这就要求在文化建设过程中确立主导思想，同时还要确保多种文化的共同繁荣。坚持走中国特色社会主义道路决定了我国的文化建设必须坚持马克思主义的主导地位不动摇，这就保证了文化的发展方向是科学的、民族的、积极的、开放的、大众的文化。马克思主义是科学的世界观和方法论的有机统一，要建设中国特色社会主义文化就需要科学的世界观作为方向，以科学的方法论作为推动力，这是由马克思主义的先进性所决定的。在新时代的历史背景下，如何在多元文化中确定中国特色文化发展道路，这就要求我们始终以马克思主义理论作为文化建设的指导方针，结合我国文化建设的现状，用中国特色社会主义理论体系来推动中国特色社会主义文化建设的不断发展。另一方面，巩固马克思主义在我国文化建设中的主导地位，是由中国特色社会主义的本质决定的，走社会主义道路是中国历史发展和人民群众的必然选择。马克思主义作为一种科学的理论体系，它所反映的是自然和人类社会发展的一般规律，在实践基础上是科学性与革命性的统一，将物质财富极大丰富和人的全面自由发展作为根本目标。所以，用马克思主义这样的先进思想理论体系来指导中国特色社会主义文化建设，是新时代文化发展的必然要求。巩固马克思主义理论的指导地位不动摇，是结合我国社会主义建设的经验教训所作出的科学选择。也是新时期提高我国综合国力、增强我国文化软实力的必然选择。

第二，巩固马克思主义的指导地位。我国的文化是带有社会主义性质的，是具有鲜明的中国特色的、民族的、科学的、大众的文化。这就决定了在文化建设过程中，必须巩固马克思主义的指导地位。改革开放以来，市场经济的发展给我国文化建设带来了负面影响，全球化带来的多元文化对我国文化建设造成了影响、冲击。在这样的背景下，首先应当坚定文化建设的方向以及文化的性质，始终坚持用马克思主义理论来指导中国特色社会主义文化建设，这要求我们用马克思主义理论去把握文化发展的方向，才能确保文化建设成为社会主义建设的支撑，将最广大人民群众的根本利益作为根本目标。坚持马克思主义指导地位，就是要将马克思主义理论摆在主流意识形态建设的重要位置，使马克思主义在意识形态领域始终处于统摄地位，确保主导思想的唯一性与权威性。

第三，全面推进社会主义核心价值体系建设。建设中国特色社会主义文化就需要建立起为适应我国国情民情且能被广大人民接受的核心价值体系。改革开放40年来，尤其是我国市场经济实施过程中，西方国家的价值观念大量传入中国，自主、竞争以及效率和民主法制等适应我国社会经济发展实际需要的观念被中国民众所接受，积极健康的价值观已经形成。但不可否认的是，西方资产阶级陈旧和腐朽的思想开始源源不断涌入国门，受这些消极思想的影响，有人价值观出现扭曲，是非不分、善恶混淆，甚至出现了拜金主义、享乐主义、极端个人主义，同我国的社会主义价值观相遇并进行碰撞与较量，社会主义核心价值体系全面地对我国的社会主义事业的具体指导思想以及行为规范等进行了有效概括，因此，在我国持续推进社会主义文化建设，首先就要坚定社会主义核心价值体系在中国文化发展中的核心地位，这样才能使我国的文化持续健康成长。“如果我们不把社会主义建设的工作重心放在社会主义文化建设上，我们文化建设就会失去核心价值，所谓的中国特色只剩下了空空外衣。”[①]要在中国特色社会主

①《中国特色社会主义文化建设》，党建读物出版社，2012，第135—140页。

义文化建设的进程中贯彻我们的社会主义核心价值体系，应该注意以下三个方面的内容：一是理论的创新不能止步。不断有新的理论观点注入，才会带来思想的活力，社会主义核心价值体系才能更好地凝聚人心。建立社会主义核心价值体系是以全国人民为对象的一项长期的思想建设工程。良好的社会风尚是在强大的舆论氛围中逐渐养成的。要充分利用各种新媒体宣传优势，积极调动城市社区文化部门和街道的参与热情，形成一个立体交叉的宣传网，覆盖到所有社会人群。二是要将社会主义核心价值体系融入精神文明建设全过程。要坚持物质文明和精神文明建设两手抓，两手都要硬。文化建设是贯彻社会主义核心价值体系的重要途径，充分利用平面媒体和广播电视媒体的宣传优势，挑选优质渠道，打造品牌栏目对于宣传推进社会主义核心价值体系极为重要。当社会上发生重大事件或突发事件时，不论这些事件是由社会问题引发的，还是由自然的原因造成的，都要对事件进行及时报道，恰当引导，尽力取得良好的社会效应。三是要注意对社会思潮的正确引领。所谓社会思潮，一般是指在一定时期内，反映某一阶级或阶层利益和要求的、得到广泛传播并对社会生活产生某种影响的思想趋势或思想潮流。想要正确引领社会思潮，就需要在社会中建立畅通的对话机制，建立政策发布机制，建立有效的教育机制及必要的防范控制机制。

第四，正确处理一元和多元的关系。在意识形态领域必须坚持马克思主义为指导的“一元”，不能使国家指导思想出现多元化。这种“一元”的特性，是由马克思主义的革命性、科学性和我国发展的实际情况所共同决定的。如果在意识形态领域放弃坚持马克思主义的指导性地位，而推行指导思想的多元化，势必会引起社会的动荡和人民群众思想上的混乱，苏联解体前的状态便是如此。而从文化发展的层次来看，文化本身应具有多样性的特点，因此，文化建设中我们不能用“一元”的标准来衡量文化。步入新时期，经济发展和社会进步都对文化的多样性发展提出了要求，在全球化大背景下，文化多元化得到了进一步的发展，文化的多元化发展也为社会发展提供了思想资源。正是由于“多元”才使文化的内容更加丰富多彩。

在一元和多元的关系问题上，我们要始终坚持意识形态领域内的“一元”，始终坚持马克思主义的指导地位不动摇，最关键的是要用马克思主义统领、引领各种文化思想或思潮，自觉抵制非马克思主义甚至反马克思主义的观点，避免对意识形态造成不良影响。在文化建设过程中我们要适度掌握“多元”，促进文化的交流和创新，坚持“百花齐放”“百家争鸣”的文化方针，使社会主义文化建设呈现活力，从文化资源中汲取自己所需的内容，丰富中国传统文化的内涵和形式，确保文化的繁荣发展。在建设中国特色社会主义文化的过程中，我们应将意识形态的“一元”和文化多样发展的“多元”相结合，只有这样，才能在保障我国意识形态领域安全的基础上，促进社会主义文化的繁荣。

第五，坚定文化自信在中国特色社会主义文化建设中的基础性地位。习总书记指出：文化的重要性不言而喻，它属于一个国家和民族的灵魂。文化的兴旺强盛能够带来一个国家国运的兴旺，也能带来一个民族的强盛。所以，必须树立高度的文化自信，如果没有高度的文化自信，我们的文化就不会兴旺繁盛起来，中华民族的伟大复兴就无从谈起。文化自信是我国建设文化强国所必备的动力和源泉。文化自信首先要掌握文化的具体发展规律，然后要发展经济，经济昌盛可以为文化繁荣提供必要的保障。结合历史发展趋势可知，一个国家和民族的国力增强，其文化发展也会繁盛。同样，先进的文化理念可以带动国家经济社会的发展和进步。党的十九大报告对此进行了明确表述，认为缺乏文化自信，就不存在文化繁盛，也就无法实现中华民族的伟大复兴。一定要把文化自信直接视为全民族振兴的强大动力。因此，有效推动中华民族文化的繁盛就必须首先坚定自身的文化自信。“我们华夏上下五千多年的厚重文明历史孕育出了优秀的中华传统文化，我们党和国家领导人民在革命年代的浴血奋战、在建设时期的全力以赴、在改革开放中的大胆创新，这一系列的付出以及所取得的优良成果都是坚强的文化自信所带来的结果，这也是我国社会主义文化的精髓和优势所在。文化自信可以使我们国家在今后的具体发展上显示出更深沉、更持久的力量，必须坚定文化自信不动摇才能不断深入发展社会主义先进文化，才能为人民构建更加美好的精神家园。”①

（二）全面提升文化软实力

软实力，是一个国家综合实力中剔除传统的、基于军事和经济实力之外的另一组成部分，可引申为文化在意识形态领域和价值观层次中的感染力和吸引力。文化软实力是提升综合国力的必经之路，它既要满足大众在精神文化方面的需求，又要为社会的发展提供民族凝聚

①祁述裕：《党的十九大关于文化建设的四个突出特点》，《行政管理改革》2017年第11期，第40—41页。

力和创造力。从我国发展的实际情况来看，文化软实力是在继承和发扬中华优秀传统文化的基础上，积极借鉴世界先进文明成果，结合我国社会主义建设的经验和我国基本国情而形成的。它是以社会主义核心价值的内核为中心，向外发散文化的感召力和向心力。软实力和硬实力的统筹发展是新时期中国特色社会主义文化建设所迫切需要解决的问题。所以我们必须大力提升文化软实力。在这个过程中必须将人民群众放在首要位置，因为人民群众是中国特色社会主义文化建设的推动力量，也是文化建设成果的分享主体。

第一，要处理好经济建设与文化建设的关系。坚持社会效益的重要地位，是中国特色社会主义文化建设的关键所在，文化建设应在确保社会效益的同时和经济建设同步和谐发展。改革开放以来，我国社会经济发展取得了突出的成就，与此同时，人民群众在解决了温饱问题后，对精神文明的追求也在不断增长，这对文化事业和文化产业发展提出了新的要求。中国特色社会主义文化建设，先要考虑社会效益因素，改变旧的、落后的文化发展模式，积极创新，为文化事业的发展探索出一条符合国情的新道路，确保文化建设的可持续发展。国家还应加大对文化建设政策方面的倾斜力度，确保文化建设能够适应经济建设的发展速度，避免两者相脱离而导致新的社会矛盾的产生。

第二，要不断深化文化体制改革，解放和发展文化生产力。文化体制改革是中国特色社会主义文化建设的重要内容，也是我国文化软实力提升的重要途径，《中共中央关于加强党的执政能力建设的决定》中提出“深化文化体制改革，解放和发展文化生产力”。文化体制改革要使文化生产力得到解放和发展。一是必须坚持正确的文化体制改革方向。《中共中央关于加强党的执政能力建设的决定》指出：文化引领时代风气之先，是最需要创新的领域。必须牢牢把握正确方向，加快推进文化体制改革。文化体制改革的进程，直接影响到文化建设的性质，国家文化安全，社会、经济的稳定发展以及中国特色社会主义事业的未来。我国文化改革必须巩固马克思主义的绝对领导地位，坚持社会主义先进文化的发展方向，始终坚持推进马克思主义的大众化。二是要坚持中国共产党的领导。中国共产党代表着先进文化的发展方向，也是我国文化建设的领导者。同时还要坚持以公有制为主体。因为有什么样的经济基础，就有什么样的上层建筑，国有经济必须要保持对文化产业发展的控制力。三要充分考虑我国现阶段文化发展的现状和特点，处理好文化事业发展与文化产业、社会效益与经济效益、市场手段和行政手段之间的关系。四要大力推广社会主义核心价值体系，以此来推动文化体制改革的进程，反对消极文化，改造落后文化，抵制腐朽文化。中国特色社会主义文化建设必须要在坚持正确的方向、原则，正确处理各种关系的前提下，进行行之有效的文化体制改革，只有这样才能确保文化建设的持续性和合理性。

第三，树立正确的文化价值取向，提高文化竞争力。文化建设和文化产业发展具有密切的内在的联系，两者是相辅相成的关系。文化建设是文化产业发展的基础，它为文化产业发展提供了必要的软、硬件条件和政策保障。文化产业发展则是文化建设的实现途径，它有助于文化建设的进一步发展和繁荣。在社会主义现代化建设飞速发展和社会转型的时代背景下，要发展好中国特色社会主义文化产业，就必须将马克思主义理论贯彻于文化产业发展的过程中，统筹文化产业发展的市场取向，引导文化产业发展的价值取向，从而做到提升文化的竞争力，扩大文化的影响力，使文化产业的发展成为经济建设的重要推动力之一。但在实际中，文化产业发展的市场取向和价值导向缺乏有机的结合，文化建设和社会主义市场经济建设相脱离，在政策的制定上也缺乏对国内文化市场的保护，导致国内文化产业的发展受到影响。同时文化产业发展中缺乏对价值观的引导，错误地坚持利益最大化，造成了消极文化盛行。因此，要推动文化产业的发展，必须从市场取向和价值观导向这两个层次着手，统筹两者的关系，进而提升文化竞争力。文化产业的发展要始终坚持以马克思主义作为指导，在确保国家文化安全的前提下充分开放市场，引入竞争机制，优化资源配置。在价值导向上要始终坚持社会主义核心价值观，以群众需求作为文化建设的根本出发点，为全社会树立积极正确的价值取向，自觉抵制消极文化，确保文化产业健康有序地发展，从而增强文化的竞争力，全面提升文化软实力。

第四，不断提高文化开放水平，提升文化影响力和辐射力。推进中国特色社会主义文化建设，就必须坚持文化的开放。文化开放的形式多种多样，如国家层面的文化推广活动、举办国际会议、组织大规模的学习交流活动、积极参与或举办大型国际盛会、开设孔子学院等，使具有鲜明中国特色的传统文化得以发扬，也使世人通过文化的开放了解中国文化的魅力所在。在打开文化传播渠道的同时，加强文化的精神内核建设，其本质就是深化其核心价值观，使这种价值观念为世人所接受，从而提高中国文化的核心竞争力。要增强文化的影响力，需要树立国家的文化品牌形象，但凡文化都有其相应的物质载体，例如，一提到美国文化，我们就会立刻联想到可口可乐、麦当劳、自由女神像，这便是美国国家形象的代表，这种形象正是通过多种多样的文化产品输出得以确立和强化的。所以，对中国文化的发展来说，可以通过中国制造的优势条件来进行。提升我国文化的辐射力要做大做强文化的传播媒介，要用多种方式广泛吸引受众。在当前西方媒体控制话语权的时候，中国媒体必须学会借船出海、借力发力。中国文化必须借助传播媒体的力量，才能逐步扩大其在世界范围内的影响力。

（三）大力弘扬优秀传统文化

传统文化是一个民族在长期历史条件下形成的思想文化和观念意识的特征表现，每一个国家和民族都有独特的传统文化，中国特色社会主义文化的发展建设基础和源泉是历史悠久的中华民族传统文化，也是区别于其他民族的本质特征。继承和弘扬中华文化的民族精神，是中国特色社会主义文化建设发展的基础动力。习近平总书记曾多次强调应加大力度弘扬我国优秀传统文化，践行和培育社会主义核心价值观。培育和弘扬社会主义核心价值观必须深入把握中华民族基因，植根于我国优秀传统文化土壤，通过继承和发展传统文化，以优秀的文化武装人、影响人，潜移默化地引导中国人民的思想和行为方式。

第一，要发掘优秀传统文化，提升民族文化底蕴。党的十八届三中全会提出了全面深化改革的总体目标，强调完善和发展中国特色社会主义制度，推进国家治理体系和治理能力现代化，加快社会主义市场经济、民主政治、先进文化和生态文明的发展，重视社会主义文化建设，保护传统文化的优秀部分，是提高中国软实力、打造文化大国、实现中国梦的必由之路。

中华优秀传统文化承载着我国文化建设的根基。“由于中国在世界经济发展浪潮中的迅速崛起，中国的传统文化在思想理念等领域所彰显的巨大能量，引发了世界学者们的浓厚兴趣和深入研究。”[①]文化价值的认同是文化建设的核心，对提高中国在世界政治与经济领域的地位发挥着积极的促进作用。通过对中华优秀传统文化不断阐释与发掘，深入了解中华优秀传统文化对人类文明作出的贡献具有深远的意义。

发掘优秀传统文化，提升民族文化底蕴，应努力构建优秀传统文化传承体系，正确处理保护与发展、开发与利用的关系，加强对文物古籍的保护，推进非物质文化遗产保护。一是及时抢救和有效保护民族民间传统文化，应避免急功近利走样变味的所谓“保护”和动机良好措施不当的“保护”；二是要站在维护国家和民族利益的高度，正确处理好全局与局部的关系，坚持国家和民族利益高于一切的原则，牢固树立全局意识和体系意识。

发掘优秀传统文化还应重视传统美德的基础作用。中华传统美德是中华民族在几千年的历史进程中逐渐培养起来的优良品质。中华传统文化为当今人类正确处理各种矛盾冲突，应对面临的生态、社会、道德、精神以及价值等五大危机提供了有效的借鉴价值。传统文化所关注的是人与自然、人与社会群体、人与人之间的互动共存关系，在

---

①《中国的“软实力”与发展——哈佛大学肯尼迪政府学院院长约瑟夫·奈访谈录》，《21世纪经济报道》2003年第191期。

传统文化众多的优秀品质之中，和谐是中华传统文化的本质属性和最高境界，能够提高人们的道德情操，促进人格完善，端正解决矛盾的态度，确立正确解决矛盾的方法，从而形成以和为美、以和为善、以和为贵、以和为荣的共识和社会风尚，化解已有的矛盾，防止新的矛盾再生，增强社会的凝聚力和亲和力。

中国特色社会主义的发展离不开文化的沉积，优秀的传统文化是中华民族的根基，是中国特色社会主义发展的文化土壤。发掘优秀传统文化，提升民族文化底蕴，有利于提高公民的文化素质和社会的文明程度，增强和谐社会的思想基础和精神动力，为构建和谐社会营造良好的文化环境。

第二，吸收传统文化，拓展文化创新。中华民族五千多年的历史积累了许多优秀的民族文化，为现代文化的发展提供了宝贵的财富，我们要积极发扬民族文化的优良传统，汲取世界各民族的优点长处，在内容形式上加以继承和创新。历史唯物主义告诉我们，正确处理中华民族优秀文化传统中继承与发展的关系，应采取古为今用、洋为中用的方法，吸收精华，摒弃糟粕，拓展文化创新。继承并不能代替创新，创新是文化发展的根本动力，同时也是中国特色社会主义文化建设的重要途径。在吸收传统文化、拓展文化创新的过程中，对传统文化的吸收是另一种意义上的创新。如果没有以传统文化为基础而选择单独发展，就容易造成现代文化在发展上止步不前。传统文化的吸收累积是现代文化进行创新发展的原动力，文化的发展离不开对历史成果的传承吸收，同时传统文化中的民族文化特质激励人们对现代文化的不断创新。总结新时期社会主义文化发展阶段的显著成果和创新制度，对现代文化的发展起着至关重要的作用。

要实现现代文化体制与制度的创新，完善文化管理体制，将文化事业的管理由政府职能转变为文化企事业单位的功能性管理，并逐步建立相应的管理机构，将政府从创造文化的职责中解脱出来，更好地去管理文化建设，引导文化发展。同时，规范现代化文化市场的竞争机制，鼓励文化市场的公平化竞争，鼓励非公有制管理的文化企业的产业发展，降低文化市场准入制度中对于文化资本的严格限制要求，支持各种中小型文化企业的迅速健康发展。

第三，传播中华文化，建立文化自信。五千多年的历史文化造就了无限荣耀的中华文明，也孕育出了强烈的自信心和自豪感，将传统文化立足于新的实践才会逐渐实现文化现代化，通过逐步提高我国社会主义文化建设中的文化自信，将中国传统文化中的优秀特征得以充分展现出来，进一步发挥传统文化在文化建设中的重要作用。

随着社会对传统文化在文化发展过程中的作用不断缺失认识程度的逐渐加强，人们对传统文化的呼唤和对新文化体系的渴求日益增强。同时，随着综合国力的日渐提升，我国在国际社会的互动中起到更加重要的作用，各民族国家期待了解我国的传统文化，为了将中华文化更加适时地传播到世界各地，我国在世界各国通过举办“中国文化日”“中国文化年”以及陆续创办“孔子学院”等形式全面启动汉语推广战略。①汉语热的全面部署充分体现了传播中华优秀文化的强烈自信，只有让更多的人了解中国文化的悠久魅力，才能更好地提升中华文化的

①吴柞来：《文化是一条河流》，东方出版社，2008，第89—107页。

交流平台与发展空间，才能努力实现中华文化的现代化战略转型。

促进民族精神与时代精神的有机统一是树立文化自信、提升文化价值的有效途径。民族精神所体现出的民族性是源于文化的，并且民族精神也表现着一个民族所具有的时代精神的长期积累过程；时代精神所体现出的时代性是源于文化的，并且时代精神也是一个民族所具有民族精神不同时代阶段的表现，“民族精神最初要表现出的为时代精神，其威力不在于文化所表现出抽象合理性，却表现出为与时代的相容性”①。由此可见，这两种独特的精神都是引领社会前进的强大精神力量，时代精神具有民族性，民族精神具有时代性，它们之间实现了融合互补。缺少了根基的时代精神无法真正做到根植于人心之中，缺少了激励的民族精神变得腐朽僵硬。时代精神的基础是民族精神，民族精神的不竭动力是时代精神。开放性作为时代精神的一个重要特征，与创造性共同展现出时代精神的重要表征，时代精神的价值是通过这两个重要特征实现的。我们应将时代和社会发展结合起来，将时代的崭新含义在民族精神中得以体现，只有这样才能使时代精神在促进社会发展的进程中起到更为重要的作用。

我们所说的文化自信，“来源于一种文化理念在形成过程中的自我认同与产生发展的强烈信心，体现着一个民族对于自身文化含义的认知程度，也体现了对文化价值重要性和理念的沿袭性，同时也体现着对文化发展生生不息的坚定信心”②。文化自信是我国文化实现自主

①刘潼福，朱光：《民族精神的凝聚与今日哲学的使命》，《求索》1989年第2期。

②云杉：《文化自觉文化自信文化自强——对繁荣发展中国特色社会主义文化的思考（中）》，《红旗文摘》2010年第17期。

发展的重要基础，并且文化自主在实践中所展现出来的这种客观特性是源自文化自信的。文化自信不仅在清醒地认识本国文化的同时树立了一种关于文化事业发展的信念，更是在反复深入地认清自身文化，充分掌握外来文化理念的基础上，对自身文化事业发展的信心，更是以开放包容的态度去接受和吸收外来文化的强烈的自信心。我们所说的这种文化自信则是一种知己知彼的强烈自觉性，它来自于对本民族文化的充分肯定和强烈信心而进行主动传播的自信，外来民族的文化受到本民族文化的强烈吸引，别的民族文化将会对本民族文化给予接纳的认同感，自信的文化创新是一个崭新的立足点，这个立足点不仅涉及我国社会文化发展情况，还涉及我国文化强国的建设情况。我们对一个民族文化发展建设所取得的自信具有一种时代的活力感，这种活力对文化创新具有激发作用，这种自信也具有一种无限进取的力量，这种力量将全民族凝聚在一起。我们对我国文化的特征优势应加以深入了解认识，并在了解这种特征优势发展远景的基础之上，切实建立文化自信，用一种宽容与融会的态度来接触世界外来文化，不断推进我国文化的开拓与创新。

（四）增强文化核心竞争力

随着当今国际社会的交往越来越密切，文化全球化目前已成为一个带有普遍性的现象。在文化全球化的国际背景下，不同文化相互碰撞，文化软实力成为国家间竞争的重要因素。如何保证中国特色社会主义文化建设的发展方向，扎实推进中国特色社会主义文化建设，提高中华文化的竞争力，是我们必须认真面对和加以解决的重要问题。

第一，要坚持马克思主义的指导地位，把握文化正确发展方向。实践证明，马克思主义是科学的理论，代表着世界先进文化的发展方向。因此，中国特色社会主义文化建设必须坚持马克思主义的一元化指导，毛泽东思想和中国特色社会主义理论体系也是马克思主义与中国特色社会主义实践相结合的产物，是发展着的中国化马克思主义。"在文化全球化的背景下，我们必须保持清醒的头脑，来面对以美国为首的西方发达资本主义国家的文化殖民战略，不能沉浸在全球的文化大家庭繁荣的盛宴中，而对文化的阶级性丧失警惕。"①如果我们在建设中国特色社会主义文化的过程中动摇了马克思主义的指导地位，动摇了社会主义意识形态的指导地位，搞指导思想的多元化，就会产生思想混乱和社会动荡，中国的文化建设也将面临巨大的威胁。由此可见，我们必须自始至终坚持马克思主义的一元化指导，来保证我国社会主义文化建设始终沿着正确的方向前进。

第二，坚持为我所用原则，正确处理文化的全球化和本土化的关系。文化的全球化和本土化是辩证存在着的两个方面，两者互相依存、不可分割。在文化全球化的形势下，允许各个国家文化本土化的存在，同时，各国本土文化的繁荣进步又有利于文化全球化的发展。"在一个多元文明世界的交往中，文化在交流与沟通的过程中，必须而且也允许差异性的存在，才能达成更多的文化共识，创造、发展出更多的共同面。"②文化具有吸收性，可以在坚持本土文化原则的基础

①刘琼华：《文化全球化与中国特色社会主义文化建设》，《山东省农业管理干部学院学报》2012年。

②余熙：《科学发展观与对外文化交流》，《长江论坛》2004年第5期。

上，吸收外来文化的精髓，从而丰富并发展自身的文化形式和内容。“中国应该大量吸收外国的进步文化，作为自己文化食粮的原料，这种工作过去还做得很不够。这不但是当前的社会主义文化和新民主主义文化，还有外国的古代文化，例如各资本主义国家启蒙时代的文化，凡属于今天我们用着的东西，都应该吸收。”[①]

目前，文化全球化已经形成普遍趋势，各国之间文化交融，外来文化不同程度地涌入中国，遍及中国的文化市场。面对这种形势，我们一方面要发展我国的本土文化，保持文化的民族性和独立性；另一方面还要推动中国特色的文化走向世界，扩大我国的文化影响力；在对待外来文化的问题上，吸取其积极的成分来丰富我国的文化，并且要抵制外来文化中的消极因素对我国的影响，正确处理文化的全球化和本土化的关系。在这个问题上，要防止两种错误倾向：一种是故步自封，固守本土文化而不与其他文化进行交流，导致的结果是本土文化发展缓慢，最终孤立自己；另一种是对待外来文化全盘接收，盲目引进和吸收，最终导致意识形态领域混乱甚至全盘西化。因此，我们在保持冷静的头脑吸收外来文化有益成分的同时，还要坚决抵制外来腐朽思想文化的侵蚀，只有这样我们才能建成新时期中华民族共有的精神家园。

第三，坚持创新性原则，丰富中国特色社会主义文化内涵。文化全球化导致各国之间的文化竞争日益激烈，在这种形势下，哪个国家有创新精神，创造出独特的文化形式，哪个国家就会掌握竞争的主动

①《毛泽东选集》（第二卷），人民出版社，1991，第706—707页。

权。全球化的后果之一就是形成了“中心”与“边缘”的对立，发达的中心成为全球化的发源地，容易产生文化霸权主义；不发达边缘则成为民族主义的发源地，容易导致文化保守主义……一方面，你不进入主流，只能永远居于边缘，永远落后；另一方面，由于全球化时代的“话语霸权”已经确立，游戏规则也已经制定，因而在进入主流和中心的过程中，就可能不得不受制于人。文化在当今国家间的竞争中发挥着越来越重要的作用，一个国家文化上的实力代表着这个国家在世界上的国家形象。因此，为了文化不被边缘化，提高我国在国际社会中的地位和影响力，必须在文化创新方面加大力度，力争在文化全球化中占有一席之地。要创新文化发展理念，高度重视文化创新的地位和作用，提高全社会对文化创新的认识，增强全体公民的文化创新意识，树立“文化就是财富”的理念，彻底转变把文化和经济割裂开来的落后理念，推进文化工程和文化产业建设，在实现文化自身价值的同时，推动地区经济的发展。要创新文化体制，通过深入推进改革，使文化产业的发展和对文化的行政管理分开进行，真正做到政企分开，还要建立能适应当代社会主义市场经济的民族文化产业机制，大力发展民族文化，真正达到文化产业脱离行政单位干扰的目的。只有这样，才能使文化产业的发展适应市场经济的运行，才能更好地满足人们日益增长的精神文化需求。要创新文化传播手段，文化是与其所存在的社会形态密不可分的，社会形态的发展变化，要求文化在传播手段等方面必须与工业文明和现代文明的发展阶段相适应，借助现代传播媒介如互联网、电视、广播等进行传播，使地区和民族文化得到合理的开发。要创新文化发展政策，各级政府要对文化发展创新引起足够的重视，制定有效措施，鼓励和动员全社会的力量开展文化建设，加大对文化事业和文化产业的投入。

（五）提升文化舆论引导能力

“随着经济社会快速发展和科技不断进步，信息传递和获取越来越快捷，以宣传信息和新闻舆论为主体的社会舆论作用越来越突出。”[①]坚持正确的导向，提高舆论对广大人民群众的引导能力，是目前推进中国特色社会主义文化建设过程中亟待解决的问题，有着举足轻重的作用。

第一，以社会主义核心价值体系为指导，引领社会思潮。马克思主义告诉我们，社会意识是对社会存在的反映。改革开放以后，中国的经济社会发生了翻天覆地的变化，社会意识呈现出多元化的发展趋势，人民群众的价值追求也呈现出日益复杂的情形。“当前，我国社会思想文化多元多样多变，人们思想活动的独立性、选择性、多变性、差异性不断增强。”[②]价值观指引着一个人的行为方式，对人们的行为举止有着重大的指导意义。积极的价值观能够使人奋发图强，积极向上；反之，消极的价值观则会阻碍人们的进步。由于社会意识的反作用，消极的社会思潮将成为整个社会进步发展的障碍，所以，中国特色社会主义文化建设必须坚持以社会主义核心价值体系为指导，弘扬民族精神和时代精神，坚持正确导向，引领社会思潮，在全社会

①《人民日报社副总编辑陈俊宏：新闻宣传理论创新的典范》，人民网—新闻战线，2009年6月18日。

②李长春：《深入学习实践科学发展观　推动社会主义文化大发展大繁荣》，《求实》2008年第22期，第3—13页。

营造良好的文化环境和氛围，为社会主义现代化建设提供精神动力。同时，树立社会主义核心价值体系的指导地位，并不是单纯地以社会主义核心价值观为唯一追求，应当充分尊重差异，兼容并包，只要不是低级的、腐朽的、有悖于社会主义价值观的思想意识，都可以成为意识形态的一部分。要正确看待差异，寻找并存方式，在社会意识形态多变的形势下，坚持并唱响主旋律。

第二，坚持正确的舆论导向，弘扬社会正气。“以新闻报道为代表的舆论宣传工作，关系到党和国家工作全局，改革和经济社会发展大局，关系国家长治久安。”社会主义核心价值体系的建设是否可以达到预期效果和舆论导向息息相关。这不仅对新闻报道的数量，更对新闻报道的质量提出了更高的要求。新闻报道是人民群众最普遍、最容易接受的信息来源，新闻报道对人民群众的思想具有极大的引导作用，社会意识形态的变化也会受到新闻报道的重要影响。因此，新闻宣传工作必须认真贯彻习近平新时代中国特色社会主义思想，切实做到坚持党性原则，牢牢把握正确舆论导向；坚持以人为本，增强新闻报道的亲和力、吸引力、感染力；不断改革创新，增强舆论引导的针对性和实效性；加强主流媒体建设和新兴媒体建设，形成舆论引导新格局；抓好队伍建设，增强凝聚力和战斗力。十六大以来党中央对思想宣传工作提出了“三贴近”的原则，也就是新闻报道要坚持贴近实际、贴近生活、贴近群众的原则，并将其作为评价新闻报道真实性和有效性的重要标准之一。成功的舆论宣传绝不是传播者的单方行为，应当以受众者为对象，传达思想，产生共鸣。不被受众者所接受的传播行为便丧失了其应有的作用，脱离实际情况，脱离日常生活，脱离人民群众的传播行为，则违背了从实际出发的工作原则。因此，在新闻报道的过程当中，要时刻坚持"三贴近"这一重要原则，用真实存在的实际情况说话，以情理服人。将主要精力投入到百姓的日常生活中去，以群众善于接受的方式传达新闻信息，以群众身边发生的新鲜事、感人事、有趣事为突破口，拉近新闻与生活的距离，建立新闻传播与人民群众的桥梁，从而消除群众对新闻报道的排斥感，提高其对社会主义核心价值体系的认同。

新闻工作要坚持正面报道为主。"团结稳定鼓励、正面宣传为主，是党的新闻舆论工作必须遵循的基本方针。"[①]坚持这个方针，就是要准确、及时地宣传党的路线、方针、政策，实事求是地反映社会现实生活的主流，让人民群众用创造新生活的业绩教育自己，形成鼓舞人们前进的巨大精神力量。坚持正面报道为主是我们需要长期坚持的指导方针，但这并不意味着我们对负面新闻不闻不问。有些新闻工作者将"以正面报道为主"的要求理解为"只报道正面新闻"，导致"报喜不报忧"，在面对负面新闻时置若罔闻，集体缺席，丧失了新闻报道的真实度，也降低了人民群众对新闻报道的认同感，甚至一些真实的正面报道也被理解为真实性不强，甚至是胡编虚构的。这种新闻报道不仅不能发挥应有的引导功能，还会产生负面影响。将坚持正确导向和提高引导水平两个方面结合起来，才能使我们对正面题材的报道深入人心，才能使我们对负面题材的报道体现出正向的认识作用，使新闻传播和舆论引导体现出它的有效性。在大量的事实面前，

①中共中央宣传部：《习近平新时代中国特色社会主义思想三十讲》，学习出版社，2018，第202页。

国外敌对势力的诋毁与中伤不攻自破，新闻报道就发挥了应有的传播作用。

第三，加强网络文化建设，抵制不良信息。21世纪是高科技的时代，与人类历史的其他时期相比，生产力有了飞速的发展，人们的生活也随着科技化的不断提高而发生着激烈的变革。计算机、互联网、移动通信工具等科技产品极大地缩短了信息交换的时间，互联网平台、移动手机平台等成为公共交流的重要媒介。与改革开放初期相比，我国网民的数量已经急剧地增加，“截至2017年底，中国网民规模达7.72亿人，普及率为55.8%，相比2016年新增网民4074万人。人均周上网时长为27个小时”[①]。这些惊人的数字表明，我国已进入了互联网时代，我国的网络市场发展迅速，随着生活水平的提高，互联网在中国必将走进千家万户，成为群众生活的必需品，网络普及必将成为发展趋势，我们不能限制群众使用网络的权利，但是应当充分净化网络空间，使其可以为中国特色社会主义事业所用，网络文化也是中国特色社会主义文化的一部分，已成为中国特色社会主义文化建设的重要领域。

网络文化建设要坚持以马克思主义为指导思想，保证中国特色网络文化的正确方向；以共同理想为思想基础，增强中国特色网络文化的感召力；以社会主义荣辱观为导向，增强中国特色网络文化的道德建设；弘扬民族和时代精神，体现我国网络文化建设的中国特色。在虚拟的空间内形成以社会主义核心价值观为主导的网络文化，抵制不

① 《中国互联网发展报告2018》发布（精华版全文）[EB/OL].ttp://www.cbdio.com/BigData/2018/07/13/content-5763809.htm。

良信息，为人民群众营造良好的网络环境，增强广大网民对中国特色社会主义网络文化的归属感。

要改革原有的舆论传播方式，由被动接受转变为主动参与，建设宣传社会主义核心价值体系的网络空间。各新闻部门应设置相关的网站页面，将传统媒介如报纸、电视等信息资源实现网络共享，开辟适合自身特点和时代要求的新的新闻存在模式。如人民网的强国论坛，主流网站的两会专区等都是这方面的成功范例。要制定法律法规，规范网络行为，对于危害网络环境的违法犯罪行为坚决制止，绝不姑息。要关注新的网络传播方式，随着互联网技术的发展，博客、微博、微信、抖音等具有实时传导功能的新产品受到网民追捧，因此，网络监管部门也要不断提升自身的科技水平和工作能力，适应互联网的发展趋势，及时进行有效的监管。

（六）加强爱国主义和理想信念教育

习近平同志强调，为做好思想政治工作，教师必须以身作则、率先垂范，引导学生掌控好人生方向，帮助学生扣好人生“第一颗扣子”。同时，习近平总书记指出，学校是当前研究和宣传马克思主义、列宁主义、毛泽东思想的重要阵地，必须把握好学校这个主阵地。但由于受到多种内外部因素的影响，思想政治教育过程中仍存在一些问题：一是部分学生的拜金主义、个人主义倾向较为严重，学生本身的动手能力较差；二是通过互联网等途径，西方不良思想对学生的思想认识造成不良影响；三是学校思想政治工作开展方式较单一，内部工作协同力有待提升，这也导致了学生不愿参与思想政治活动。

针对这些问题，学校必须营造浓厚的思想政治教育工作氛围，提升思想政治工作的实效性，推动中国特色社会主义文化建设。

第一，弘扬爱国主义精神。在建设文化事业的过程中，应坚持以人为本的思想政治教育理念，以习近平新时代中国特色社会主义思想为指导，创新思想政治工作开展方式，树立学生正确的价值观念，增强其文化发展、建设意识。弘扬爱国主义精神的首要任务之一是要对当代青少年进行爱国主义思想文化教育。“一个合格的公民要爱国家，爱社会，爱人民，通过对青少年进行良好的道德教育、爱国主义教育，树立青少年正确的价值观、人生观与世界观，使其具有良好的道德意识。营造爱国氛围，但爱国的表现有多种，从小就要强化每个人的爱国意识，使其正确认识个人与集体的关系，关心小家爱大家，促进社会发展和文化繁荣。”[①]此外，要推行优良传统文化教育。中国是一个有着五千多年历史的文明古国，朴素而又勤劳的中国人民创造了许多优秀传统文化，这些都是值得青少年学习的宝贵财富，比如艰苦奋斗、爱岗敬业、团结奉献等，新时代我们必须要弘扬爱国主义精神，继承和发扬优秀传统文化，使人们深刻意识到传统文化在我国社会主义文化建设中所起的重要作用。与此同时，要实现传统文化与现代文化的融合，与时俱进，不断变革文化发展理念，创新文化体制，使源远流长的中华文化不断注入新的内容。通过实践摸索积累经验，弘扬爱国主义精神，共同推动中国特色社会主义文化建设。

第二，坚定正确价值理念。“理想信念是一个民族进步的精神指

---

①李国泉：《习近平文化建设思想论纲》，《理论导刊》2016年第1期，第19页。

引，也是我国社会主义文化变革、创新发展的希望所在。"[①]党的十九大吹响了新时代建设中国特色社会主义文化强国的号角，也从国家文化发展大局明确了今后我国文化体系建设的方向。我们必须树立正确的文化发展观，推动马克思主义中国化，坚持"二为"和"双百"文化发展总方针，始终坚持正确的文化价值理念，植根于传统，植根于人民。优秀的中华儿女秉承我国文化发展理念，用载人航天精神、抗震救灾精神等续写了一曲曲动人的佳话，这些精神财富是中国共产党和中国人民文化价值理念、准则、行为方式的深刻体现。

（七）构建公共文化服务体系

公共文化是从西方国家引入的概念，指的是全体社会成员所共同创造和共同享有的文化。公共文化服务体系建设其实质就是发展以公益文化为基础的文化事业，为人民群众提供文化产品和文化服务，目的在于营造良好的文化环境，引导社会成员树立正确的价值取向和积极健康的生活方式。

第一，提高资源利用效率。要打破文化事业单位资源的行政化分割体制，改变各地方各单位各部门"各自为政"的管理局面，以集约化的方式进行资源整合和资源管理，建立以共享机制为核心的具有公益性的基础平台，最终实现布局合理、体系健全的文化事业单位国有资源的配置。从目前我国公共文化服务体系的发展情况来看，对于一些比较大型的文化事业单位，对其进行集约化管理，统一购买设备，

①李艳艳：《习近平文化软实力战略思想探微》，《思想理论教育导刊》2016年第3期，第34页。

集中进行人才的培训，分享人力资源的使用，相互交换数据资料，通过以上方式来打破从前封闭式的管理，促进国家资源的整合利用。在农村，也要整合现有的各方面的文化设施和文化资源，由相关的管理部门统一进行管理。在文化活动场地和培训场地以及图书资料等基础设施的管理上，可以考虑与学校、教育培训部门、科技培训部门等多个部门建立共享平台。

第二，健全公共文化服务机构运行机制。各级政府部门要充分发挥主导作用，加大力度对公共文化服务机构进行监督管理，并对其各个方面的运作加以全程指导，使其按照健康的程序进行，从而保证公共文化服务设施的正常运行，保证其文化传播功能得到充分发挥。还要建立相应的对公共文化服务机构的考核和激励机制，制定适合于各种公共文化服务机构的考核标准，严格要求和管理，对有突出表现的机构实行相应的奖励政策，奖惩结合，严格按照标准进行管理，不断健全公共文化服务机构的评估系统和考核机制。公共文化服务机构需要加大力度，不断拓宽公共文化服务的领域，为人民群众提供更多样化更优质的服务。还要改进为群众服务的方式，选取多种途径，增强吸引力，以便让人们能够享受到热情周到的服务，以良好的心情投入到工作学习中。健全公共文化服务的公示制度，安排专门的工作人员对一些资料和内容进行讲解，为群众创造良好的服务环境。

第三，加大对欠发达地区的文化扶持力度。在我国一些欠发达的地区，尤其是西部和边疆少数民族地区，公共文化服务设施还很落后，需要从中央到地方的大力扶持。政府一方面应加大对西部地区的投入，另一方面要整合当地的有效资源，如文化教育、广播电视、科学技术等部门，形成一个有效的资源合理配置的系统。应以当地的实际情况为基础，将公共文化服务体系的建设与当地的发展战略结合起来，尤其是与中央对欠发达地区的扶持战略结合起来，如新农村建设、扶贫工程、科技普及教育等，将它们看成一个整体，进行综合部署。在欠发达的少数民族地区，对他们的扶持要与保护当地的少数民族文化结合起来，充分保护少数民族文化中的积极成分，推进少数民族文化的发展和传播。此外，还要倡导全社会对欠发达地区的捐助，支持志愿者服务等公益活动，并对类似非营利性的公益文化机构给予政策上的支持。

第四，广泛发掘人民群众的创造才能。在坚持政府主导作用的同时，不能忽视广大人民群众的力量，应充分尊重全社会广大群众的创造才能，并建立相应的机制，鼓励人民群众参与到文化事业当中来，充分调动广大社会力量支持和参与公益性文化事业的积极性和创造性。如在民间开办图书馆、博物馆等，引导社会力量提供更多的积极向上的公共文化服务，千方百计地提供各种优质服务来满足广大群众多方面、多层次的精神文化需求。大力倡导少数民族群众发扬自身的传统民族文化，并不断创新多种民间文化活动，充分调动民间艺人的积极性和创造性，将他们组织到公共文化服务活动中，大力开展群众性文化娱乐活动，使广大群众不仅成为公共文化服务的受益者，更是公共文化服务的组织者和参与者，大家其乐融融，在休闲娱乐中丰富了公共文化服务体系，并满足了自身的精神文化需求。

（八）推进文化产业改革创新

由于历史原因，部分政府机关仍没有摆脱计划经济时代的管理意识，没有完成应有的角色转变，而成为文化发展的障碍。部分机构审批程序复杂，服务功能不强，政企合一、管办合一等问题严重，文化产业长期游离于市场经济之外。用管理取代服务，束缚了文化的进一步创新和发展。

第一，转变职能，增强政府的服务意识。要建立统一高效的宏观调控体系，党中央为文化建设指明了发展方向，文化企业和事业单位依照宪法和法律的规定合理运转。其中，党的领导是核心，要始终加强党委对文化体制改革的领导，掌握重大事项的参与决定权。从中央与地方的关系来看，要做到权责分明，理顺关系。只有权责统一，层次鲜明，才可以改变现有的管理混乱、各自为政的问题。要强化中央的权威，巩固中央政府在制定发展战略、协调地区关系中的主体地位，打破地方垄断，促进文化交流和文化资源的合理流动。

要整合文化部门管理职能。一是在改革中贯彻党政分开、职责明确的基本意见，合并相同或者类似的层叠部门，精简相关机构，科学整合配置行政资源。要将改革中的大部委制等成功经验应用于进一步发展当中，以法律法规或行政规章的形式将改革成果肯定下来。二是要转变管理思路，增强服务意识，在职责定位中突出社会服务，改变陈旧呆板的管理方式，提高文化生产的商业属性，尊重文化发展的自身规律。

要降低行业门槛，精简行政程序。长期以来，由于服务意识的缺失，我国文化产业的行政程序非常复杂。行政程序非但没有起到应有的保护作用，反而成为文化产业发展的沉重负担。因此，我们要站在时代的高度，以改革精神解决文化机构改革问题，打破现有的政府包办制度，下放更多的权力，为文化创新提供更多的发展空间，充分发挥市场经济优胜劣汰的竞争法则。

第二，面向市场，推进文化产业改革。我国在比较长的时间内处于计划经济时代，文化生产的运行机制也深受影响。市场定位的失准、商品经济意识的缺失，都是与当今经济大发展的时代不相吻合的。因为这些弊端的存在，文化生产长期与社会活动脱节，脱离了人民群众的文化生活，不仅不能满足群众的文化需求，还会降低人民群众文化创新和文化生产的积极性。

市场经济具有优化资源配置的功能，充分发挥市场经济的优势是推进文化生产方式改革的核心与关键。这就要求我们在进行文化生产的时候，要具有市场眼光，在生产、销售等商品流通环节都要进行严格的项目管理，争取获得较大经济利益，这样也可以维持文化生产的持续性。现在，部分文化生产单位并没有完成角色的转变，仍然被政治权利所束缚，长期游离于市场经济之外，因此，我们需要进行文化体制创新，面向市场，积极探索对文化企业的股份制改造，打破行政垄断，营造良好的竞争环境。文化产业要始终坚持面向人民群众，一切活动以群众为出发点，为其提供更多更好的文化产品，从而也使自身得到良好发展。

第三，文化的健康发展需要对文化进行创新，从而保证文化的生机和活力，推进文化建设持续向前发展。文化内容和形式的创新是文化创新的重要内涵，对陈旧的文化形式和文化内容进行改革，使之适应新时期市场经济和社会的发展的需要。文化内容和形式的创新要以中国特色社会主义建设为时代背景，以社会主义核心价值体系为核心，发展与现代科学技术相适应的文化产业。此外，文化传播手段的创新也是推进改革的重要内容，运用现代高端的科学技术，使其成为当前文化传播新的传播方式，这样必将极大地提高文化的传播速度和影响范围。因此，政府要建立专业化的部门，以科技为手段，推广社会主义核心价值体系。

（九）加强中外文化交流

鉴于文化全球化的不断发展，各国家之间的文化交流日益扩大，各种思想文化相互激荡影响，我们要善于学习和利用世界文化发展的一切优秀成果，推动社会的发展和进步。建设有中国特色社会主义文化，要求我们正确处理中西方文化之间的互动关系，在把握传统民族文化的同时，借鉴吸收其他民族的优秀文化成果，树立正确的文化交流方向，努力构建和谐稳定的中外新型文化交流关系。

第一，依托“一带一路”发展文化产业。积极依托“一带一路”沿线国家文化交流平台，策划实施一批对外文化交流项目，讲好中国故事；推进传播手段建设和创新，加强广播电视节目内容管理，发展壮大电影市场。我国“一带一路”倡议尤其是丝绸之路经济带沿线的西北地区是中华民族文化重要的发祥地，是自汉唐以来人类文明重要的交互空间，同时又有全人类共同文化记忆和文化想象的特质。因此，这一区域恰好是建立在文化基础上的现代旅游业发展的“富矿”和“高地”。现代文化旅游业既是这一区域对接“一带一路”建设的支柱产业，更有可能成为具有国家层面上的引导和龙头性质的产业，为其他产业的发展提供基础。

第二，借鉴吸收世界文化优秀成果。吸收借鉴世界文化发展的优秀成果，是推动中国特色社会主义文化发展的重要条件。我们要构建与推进中国特色社会主义文化发展模式，吸收和借鉴各文化的先进性成果，与多样性文明交流共存，形成与中国现代化建设相适应的主导性的文化精神，共同促进人类文明的繁荣进步。

第三，坚持文化交流正确方向。随着世界经济全球化不断深入发展，文化领域也随之产生一种现象，这种现象可以概括为文化领域发展的全球化现象，中西方文化之间存在的发展关系逐渐成为一种评价的参考依据。坚持把握文化交流的正确方向，才能实现从整体出发推进我国文化建设顺利发展的既定目标。

第四，积极构建中西方新型文化关系。构建中西方新型文化关系要探明中西方文化间的差异性。民族文化是各民族在长期历史发展和社会实践过程中创造出来的物质财富和精神财富的总和。发展中国特色社会主义文化是一个既吸收融合又扬弃提高的复杂过程。立足于马克思主义的思想立场，运用其观点和方法，对外来的优秀文化进行实事求是地分析，分清外来文化成果中哪些是有益于社会主义文化建设发展而需要我们吸收借鉴的，哪些是仅适用于资本主义社会体制下的文化发展模式而需要我们进行调整与改进的。认清中西方文化差异的特征本质，从指导思想和文化发展的现实基础出发，以社会主义文化建设为发展目的，不断检验中西方文化的差异性。

（十）进一步增强文化自信

中国特色社会主义文化自信，是指主体对中国特色社会主义文化价值的充分肯定，对中国特色社会主义文化能力的坚定信念。它是对中国特色社会主义文化的高度自觉，是建设社会主义文化强国、实现文化发展繁荣的前提和基础。从结构要素上讲，它包括主体、客体和关系三个方面。其主体是指中国、中华民族、中国共产党、每个中国人，客体是指中国特色社会主义，关系是指中国特色社会主义文化自信主客体之间的实践关系、认识关系和价值关系。中国特色社会主义文化自信呈现出一些明显的特征，如民族性、时代性、辩证性和可塑性等。从马克思到列宁、从毛泽东到习近平都对文化自信问题或直接或间接地有过一些论述，他们的相关思想是我们分析、梳理中国特色社会主义文化自信的理论渊源。其中，党的历代领导人关于中国特色社会主义文化的重要地位作用、坚持文化领域的对外开放、对待传统文化与外来文化的科学态度、一元主导与多元并存的正确认识、推动中华文化走向世界等重要论述，是改革开放和社会主义现代化建设新时期最有代表性的文化自信思想。

中国特色社会主义文化自信的生成，需要主体、客体和主客体关系达到一定的条件，即主体条件、客体条件和关系条件。主体条件是国家、民族、个人等主体对中国特色社会主义文化有自信的需要，以及为满足这一需要而产生的对中国特色社会主义文化的认知自觉；客体条件是中国特色社会主义文化这一客体具有让主体可信的能力和属性；关系条件是中国特色社会主义文化自信的主体与客体围绕自信活动通过交互作用而产生的实践关系、认识关系和价值关系。①

---

①耿超：《中国特色社会主义文化自信论》，广西师范大学出版社，2016，第59页。

当今时代，全球化、市场化和网络化是影响中国特色社会主义文化自信的三大因素，它们相互联系、共同作用，既给文化自信带来了机遇又造成了挑战。自春秋战国时期统一的华夏民族形成到现在，历经鸦片战争、新中国成立、改革开放、新世纪到来和进入新时代等重要节点，中国文化自信的历史跌宕起伏，这种演变给我们带来许多重要启示：文化自信必须以雄厚的综合国力为基础，文化自信必须以文化的自觉认知和把握为前提，文化自信离不开对文化传统的弘扬，文化自信离不开文化的开放与包容。苏联解体与一定时期文化自信的丧失有着直接关系，美国能成为世界超强一极与其文化上的自信密不可分，法国、日本等国取得文化建设的显著成就也利于文化自信，这些国家关于文化自信的经验教训值得我们参考借鉴。

对中国特色社会主义文化的认知自觉，既是中国特色社会主义文化自信的主体条件，又是中国特色社会主义文化自信生成的必要前提。要认清地位作用，把握矛盾关系，担当使命责任，抓住自信根本，为生成和实现中国特色社会主义文化自信提供认知前提。中国特色社会主义文化具备可能的能力，既是中国特色社会主义文化自信的客体条件，也是中国特色社会主义文化自信的重要基础。要不断提升中国特色社会主义文化的生产力、凝聚力、包容力、防御力和影响力，为生成和实现中国特色社会主义文化自信奠定能力基础。中国特色社会主义文化价值的彰显，既是中国特色社会主义文化自信的关系条件，也是中国特色社会主义文化自信的关键所在。各方要共同努力，认准目标，抓住核心，掌握方法，搞好培育，为达到对中国特色社会主义文化价值上的信念、态度上的信任和发展上的信心，生成和实现中国特色社会主义文化自信作出贡献。

总之，针对当前中国社会主义文化建设中出现的文化失范现象，面对西方社会思潮对中国民众理念的严重冲击，以及我们对中国传统文化科学取舍的首要难题，必须坚持马克思主义的指导地位，加强爱国主义和理想信念教育，大力弘扬中华传统文化，增进中外文化交流，推进文化产业改革，增强文化核心竞争力，全面提升文化软实力，进一步增强文化自信，唯此才能早日建成社会主义文化强国。

第六章 新时代中国文化发展与中国共产党人的文化使命

经改革开放后40年的发展，中国特色社会主义文化建设既取得了辉煌成就，又存在着一些尚未解决的难题。中国特色社会主义进入新时代，文化发展既获得了难得的机遇，又面临着严峻的挑战，要实现中华民族伟大复兴，中国共产党人肩负着重大文化使命。

一、新时代的中国文化发展

（一）中国文化发展面临的机遇与挑战

在中国特色社会主义新时代，中国文化的发展面临着重要机遇：一是经济全球化的深入发展为我国文化建设提供了良好的外部环境，二是我国国民经济的持续快速健康发展为文化建设打下了必要的物质基础，三是网络文化的兴起为我国文化建设提供了现代化的先进手段，四是人民群众精神面貌和思想观念的重大变化为我国文化建设提供了良好的主体条件，五是中国共产党的正确领导为中国文化建设提供了可靠的政治保障。

同时，在中国特色社会主义新时代，中国文化的发展也面临着严峻挑战：一是全球化背景下我国文化安全受到严峻挑战，二是网络文化的负面影响使我国意识形态及先进文化的主导地位受到严峻挑战，三是社会主义市场经济的发展使我国文化建设面临着许多新情况新问题。

（二）中国文化发展的未来走向

21世纪的中国在经历了漫长的农业文明和工业文明之后，将基本上完成现代化的任务，并朝着更加富强、民主、文明、和谐、美丽的社会形态迈进。在这样一个新世纪中，中国文化发展的走向空间如何，世界文化发展的趋势空间如何，是值得我们认真思考的问题。

面对新一轮的文明冲突和文化竞争，中国文化将如何自处？在文明间的冲突和日趋复杂激烈的文化竞争局面下，我们绝不能迷失中国文化发展的根本方向。从长远看，人类文明的发展将最终从冲突走向融合、从纷争走向共存，从而达到人类优秀文化的共享。从这一长远发展趋势来看，21世纪中国文化的走向将会遵循充分的现代化和充分的世界化两个相互联系的基本方向。

文化现代化既是社会现代化的重要组成部分，也是实现社会现代化的重要前提。中国文化现代化实质上就是实现传统文化的现代转化，这是一个复杂的工程，需要做好各方面的工作。首先，要让优秀传统文化融入现实生活，在现代社会发展中努力发掘和弘扬传统文化的价值。其次，要使传统文化和现代社会相交融，创造出一种适应现代社会发展的新型的具有现代意义的文化形态。

“中国文化的现代化与中国文化的世界化是密切相关的。随着科学技术的飞速发展和信息社会的到来……世界正在更紧密地连成一个整体，任何国家和地区的民族文化的发展都离不开世界文化的相互影响和共同发展。所谓中国文化的世界化，一方面是中国文化走向世界，另一方面是世界文化走进中国。这是中国文化自身发展的需要，也是世界文化和人类文明不断发展的需要，是一种必然的历史发展趋势。”①

在21世纪人类文化发展过程中，中国特色社会主义文化建设将随着上述趋势而进一步展开。伴随中国对外开放步伐的不断加快和文化“走出去”战略的大力实施，中华文化将进一步走向世界，将会因其融汇世界文化优秀成果、不断发展创新而更加成熟，也会因其胸怀博大、气度恢宏而得到世人的普遍尊重与认同。因此，在广泛吸收世界文化优秀成果的同时，中国文化的优秀部分也将被世界文化所吸收，为世界文化宝库增添新内容，为人类文化与文明的发展作出更大贡献。

二、党在新时代承担的文化使命

在当代中国，社会主义经济政治和社会的发展，迫切需要有与之相适应的中国特色社会主义文化，它与中国特色社会主义经济建设、

①孙成武：《中国共产党文化建设史论》，人民出版社，2013，第264页。

政治建设、社会建设、生态文明建设一起，构成了中国特色社会主义事业的总体布局。在中国特色社会主义新时代，党要带领全国人民进一步推进中国特色社会主义文化建设事业，实现社会主义文化强国的战略目标，就必须牢牢把握先进文化的特点和发展规律，正确认识和处理好一些关系文化全局的重大问题，才能把中国特色社会主义文化建设事业不断推向前进。

（一）弘扬主旋律，提倡多样化

在我国现阶段的文化建设中，必须正确认识和处理文化的一元与多元的关系。由于我国社会主义初级阶段刚刚从半殖民地半封建社会脱胎而来，文化方面不可避免地带有封建文化、殖民地文化和资本主义文化的痕迹，封建主义、资本主义、社会主义三种文化形态和价值观念将会在相当长的时间内并存。同时，由于社会主义初级阶段社会上还存在不同的阶层和利益群体，社会成员还有着不同的宗教信仰、民族风俗和文化习惯，这些就决定人们在理想、信仰、人生观、价值观等方面的多样化，使我国现阶段的思想文化呈现出错综复杂、多元并存的结构特征。这种多元文化长期并存的格局，要求我们在文化建设中必须坚持“弘扬主旋律，提倡多样化”，把社会主义主流文化与多元文化有机结合起来。弘扬主旋律，就是要大力倡导和宣传社会主义主流文化，绝不能搞指导思想的多元化。在弘扬主旋律的同时，必须提倡多样化，不片面推行某种纯而又纯的思想文化或强求思想文化的千篇一律。当然，提倡多样化并不意味着要用非主流文化去冲击甚至取代主流文化，而是在坚持主流文化主导地位的前提下提倡各种文化形式的多元并存。我们在全社会大力倡导建设社会主义主流文化的同时，还应以主流文化去引导和影响各种非主流文化，实现二者的协调统一，以形成一元主导、多元并存、相互竞争、共同发展的文化格局，不断丰富人们的文化生活，促进社会和谐发展。

（二）建立良好的文化生态系统

文化本身是一个复杂的大系统，存在着生态平衡的问题。其中，主导文化、精英文化、大众文化是构成文化生态系统的三种重要文化形态。这三种文化形态都有各自特定的价值取向，如果三者不协调发展，就会发生文化生态系统危机。因此，文化建设中必须正确认识和处理这三种文化形态之间的关系。主导文化是文化运行的操控者，是主流文化的核心形态，是党和国家意志在文化领域的体现。大众文化也称通俗文化或消遣文化，具有商业性、娱乐性等特征。大众文化与主导文化在思想意识、价值取向等方面既有一致性也有矛盾性。一方面大众文化能满足人民大众多方面多层次的精神文化需求，可以作为主导文化的必要补充，有助于促进主导文化的普及和大众化，但另一方面大众文化在内容和形式上表现出来的对物质享受和感官刺激的过度追求不仅对主导文化造成巨大冲击，而且对人的健康成长和社会进步产生消极作用。因此，在现阶段社会主义文化建设中必须处理好主导文化与大众文化的关系，为二者的和平共处、相互融通提供良好的文化环境。面对汹涌而来的大众文化，既不能放任自流，也不能大加挞伐，而应因势利导，积极主动地做好引导工作，以扬长避短，兴利除弊。正确认识和处理主导文化与精英文化的矛盾是文化建设中的又一个重要问题。精英文化又称高雅或严肃文化，是以探求真善美的价值为基本职能的文化，是人类精神的辉煌创造。精英文化与主导文化在价值取向方面具有一致性，二者都承载着理想和命运的文化自觉，代表着国家民族对文化命运和理想的终极追求。但二者之间的差别也显而易见，主要是注重点和立场不同。主导文化与精英文化的上述联系和区别，要求在当代中国文化建设中必须正确处理和协调二者之间的关系。要从理性上尊重和支持精英文化的合理合法性，大力扶持精英文化，在宏观上对精英文化进行正确引导，使其与主导文化和大众文化协调发展、相互促进。

（三）在文化交融中保持民族特色

在文化发展的历史长河中，既要继承本民族的文化传统以保持文化的鲜明个性和独立品格，又要广泛吸纳其他外来文化以实现文化的融会贯通和发展创新。伴随着经济、政治全球化，人类文化在21世纪也将走向全球化。文化全球化是指世界上各个民族、国家的文化在保持自己民族特色的基础上，在相互交流沟通和矛盾冲突中求同存异、共同发展并走向互相交融的过程和趋势。然而，全球化必然带来文化同质化的趋势和后果，尤其是西方文化的广泛传布已经对第三世界国家形成了严峻挑战，中华文化在新的世界格局面前将处于何种地位、在文化同质化趋势和西方强势文化挑战面前将如何保持自身特色，这是我们必须加以认真思考的问题。在文化全球化趋势日益明显的情况下，文化既要保持民族特色又要面向世界，既要继承传统又要与世界文化相融合，这是每一个现代民族国家都必须认真对待和合理解决的两难问题。中国共产党关于处理民族传统文化与外来文化的基本原则和方法，为解决这一问题提供了重要借鉴。党在新世纪提出的“弘扬中华文化，建设中华民族共有精神家园”，以及实施文化“走出去”战略，扩大文化领域对外开放等思想，就是对当前国际文化挑战的积极应对。我们要以党的纲领为指导，在文化建设中进一步处理好民族文化与世界文化的关系，处理好民族文化的保护与发展、继承与创新的辩证关系，使中华文化在继承传统、保持特色的基础上进一步融合世界文化优秀成果，从而不断发展创新，在世界文化百花园中占据应有的地位。

（四）努力建设具有鲜明时代精神的新文化

传统文化与现代化的关系就是历史、现实与未来的关系。传统文化的现代化并不是指整个传统文化的现代化，而是指如何把传统文化中的精华转化成具有现代内容的文化因素。传统文化是历史的东西，又是各个时代的现实在当今时代的投影；现代化既是未来的东西，又是正在实现和成长的事物。现实是传统文化与现代化的连接点，我们今天所处的现实决定我们必须对传统文化采取正确方针和取舍标准，从中国特色社会主义建设的现实需要出发，对传统文化进行进一步清理和科学扬弃，提取出其中体现人民性、民主性、进步性的精华，剔除其封建主义糟粕和消极、腐朽、落后的杂质，并在此基础上实现传统与现代的有机结合，进而实现文化的融合创新。用现代精神对传统文化加以改造，是正确处理传统文化与现代文化关系、实现传统与现代结合的根本途径。任何一种优秀文化，只有与时俱进，不断地注入新的时代精神，才能永葆其旺盛的生命力。中华民族有着悠久的历史和优秀的文化传统，对传统文化的优秀成果加以扬弃、改造和发展，使其成为现代新文化的重要组成部分，以此来推进中国特色社会主义文化的繁荣发展，这是当代中国文化建设的重要任务之一，也是中国共产党人担负的一项光荣而艰巨的文化使命。

结 论

回顾历史，在中国共产党的坚强领导下，中国社会发生了翻天覆地的变化，中国特色社会主义文化建设在诸多方面取得了辉煌成就；展望未来，中国特色社会主义文化建设有着光明而远大的前景。中国特色社会主义文化建设是一个艰难而曲折的过程，不是一蹴而就的事业，不是一劳永逸的事情，需要一代人甚至几代人不懈的奋斗。随着全球化的继续推进和全面改革开放的不断深入，中国特色社会主义文化建设所面临的机遇和挑战愈加明显，需要我们进一步解放思想，开阔视野，不断调整和寻求扎实有效的建设途径。我国的文化建设要始终坚持马克思主义的指导地位，离开了这个灵魂，就偏离了正确的方向，是不能将文化建设事业顺利完成的；建设中国特色社会主义文化必须树立宽广的国际视野，以迎接文化全球化带来的挑战，并大力提高中国文化的竞争力和影响力，提升国家的软实力；中国特色社会主义文化的建设还有赖于全体公民文化素养的提升，在全社会形成和谐的氛围；建设中国特色社会主义文化必须加强公共文化服务体系建设，促进文化产业发展，增强文化整体实力，让人民享有健康丰富的精神生活。

一切事物都处在发展变化当中，随着中国特色社会主义文化建设的不断推进，世情、国情的不断变化，文化建设过程中新的问题也会不断产生，我们一定要与时俱进，向着建设社会主义文化强国的宏伟目标迈进。

参考文献

一、图书

［1］毛泽东选集：第1—4卷［M］．北京：人民出版社，1991.

［2］建国以来毛泽东文稿：第1册［M］．北京：中央文献出版社，1987.

［3］毛泽东著作选读：下册［M］．北京：人民出版社，1986.

［4］毛泽东书信选集［M］．北京：中央文献出版社，2003.

［5］毛泽东年谱（1893—1949）：下卷［M］．北京：人民出版社、中央文献出版社，1993.

［6］周恩来选集：下卷［M］．北京：人民出版社，1984.

［7］刘少奇选集：下卷［M］．北京：人民出版社，1985.

［8］建国以来刘少奇文稿：第1册［M］．北京：中央文献出版社，2005.

［9］邓小平文选：第1—3卷［M］．北京：人民出版社，1993—1994.

［10］邓小平年谱（1975—1997）：上卷［M］．北京：中央文献出版社，2004.

[11] 江泽民文选：第1—3卷 [M]. 北京：人民出版社，2006.

[12] 陆定一文集 [M]. 北京：人民出版社，1992.

[13] 建国以来重要文献选编：第15册 [M]. 北京：中央文献出版社，1997.

[14] 十二大以来重要文献选编：上，中，下 [M]. 北京：人民出版社，1986，1986，1988.

[15] 十三大以来重要文献选编：上，中，下 [M]. 北京：人民出版社，1991，1991，1993.

[16] 十四大以来重要文献选编：上，中，下 [M]. 北京：人民出版社，1996，1996，1998.

[17] 十五大以来重要文献选编：上，中，下 [M]. 北京：人民出版社，2000，2001，2003.

[18] 十六大以来重要文献选编：上，中，下 [M]. 北京：中央文献出版社，2005，2006，2008.

[19] 十七大以来重要文献选编：上，中，下 [M]. 北京：中央文献出版社，2009，2011，2013.

[20] 十八大以来重要文献选编：上，中 [M]. 北京：中央文献出版社，2014，2016.

[21] 涂途，吴开英. 邓小平文艺理论读本 [M]. 北京：中共中央党校出版社，1998.

[22] 科学发展观丛书编委会. 中国特色社会主义文化建设 [M].北京：党建读物出版社，2012.

[23] 江泽民. 论党的建设 [M]. 北京：中央文献出版社，

2001.

［24］十八大报告学习辅导百问［M］. 北京：党建读物出版社，学习出版社，2012.

［25］列宁专题文集：论辩证唯物主义和历史唯物主义［M］. 北京：人民出版社，2009.

［26］习近平谈治国理政：第二卷［M］. 北京：外文出版社，2017.

［27］党的十九大报告学习辅导百问［M］. 北京：党建读物出版社、学习出版社，2017.

［28］中共中央宣传部. 习近平新时代中国特色社会主义思想三十讲［M］. 北京：学习出版社，2018.

［29］胡乔木. 胡乔木回忆毛泽东［M］. 北京：人民出版社，1994.

［30］王光秀. 中国特色社会主义文化建设研究［M］. 北京：人民日报出版社，2017.

［31］赵剑英，张一兵. 国外马克思主义的基本问题［M］. 北京：社会科学文献出版社，2006.

［32］中共中央宣传部. 习近平总书记在文艺工作座谈会上的重要讲话学习读本［M］. 北京：学习出版社，2015.

［33］张岱年，方克立. 中国文化概论［M］. 北京：北京师范大学出版社，2004.

［34］杨思信. 文化民族主义与近代中国［M］. 北京：人民出版社，2003.

[35] 张素华，边彦军，吴晓梅. 说不尽的毛泽东——百位名人学者访谈录：下册 [M]. 北京：中央文献出版社，1995.

[36] 黄力之. 先进文化论 [M]. 上海：上海三联书店，2002.

[37] 郑师渠. 中国共产党文化思想史研究 [M]. 北京：中共中央党校出版社，2007.

[38] 俞思念. 社会主义文化建设的历史、理论与实践 [M]. 北京：中国社会科学出版社，2008.

[39] 冯天瑜. 中国特色社会主义文化建设研究 [M]. 武汉：武汉大学出版社，2008.

[40] 陈胜云. 中国特色社会主义文化实践论 [M]. 上海：上海三联书店，2009.

[41] 孙成武. 中国共产党文化建设史论 [M]. 北京：人民出版社，2013.

二、期刊

[1] 蔡武. 努力探索中国特色社会主义文化发展道路 [J]. 理论参考，2010 (10).

[2] 邓显超. 我党对中国特色社会主义文化发展道路的探索 [J].理论探索，2011 (3).

[3] 颜旭. 中国特色社会主义文化发展道路形成的实践基础 [J].南京政治学院学报，2012 (1).

[4] 冯宏良. 中国特色社会主义文化发展道路的历程、经验与问题 [J]. 当代世界与社会主义，2013 (4).

［5］刘云山．坚持中国特色社会主义文化发展道路　努力建设社会主义文化强国［J］．共产党人，2011（1）．

［6］王永贵，吴锦春．从马克思主义视角看中国特色社会主义文化发展道路［J］．思想政治教育研究，2013（6）．

［7］张国宏．中国特色社会主义文化发展道路的内涵解析［J］．思想理论教育导刊，2012（7）．

［8］苗瑞丹．中国特色社会主义文化发展道路的探索及经验［J］．中共山西省委党校学报，2012（3）．

［9］樊锐．新中国文化建设的主要成就和历史经验［J］．党史研究与教学，2009（6）．

［10］杨凤城．新中国60年中国共产党的文化理论与方针、政策研究［J］．教学与研究，2009（10）．

［11］刘绵锦．全球化背景下的中国特色社会主义文化建设［J］．安庆师范学院学报（社会科学版），2008（8）．

［12］孟宪平．中国特色社会主义文化建设的方法论分析［J］．当代世界与社会主义，2009（6）．

［13］李长春．全面落实科学发展观　深入推进文化体制改革［J］.求是，2006（10）．

［14］李长春．深入学习实践科学发展观　深入社会主义文化大发展大繁荣［J］．求是，2008（22）．

［15］李长春．正确认识和处理文化建设发展中的若干重大关系　努力探索中国特色社会主义文化发展道路［J］．求是，2010（12）

［16］林两贞．江泽民对邓小平精神文明建设理论的新贡献［J］．

福建论坛（文史哲版），1999（6）.

[17] 李学东．试论中共第三代领导集体对邓小平理论的新发展[J]．理论与当代，1999（6）.

[18] 董京泉．论第三代中央领导集体的理论贡献[J]．理论学习，1998（12）.

[19] 于文俊．中共三代领导核心对精神文明探索的历史考察[J].中共宁波市委党校学报，2000（1）.

[20] 赵家祥．邓小平的历史时代理论及其现实意义[J]．北京大学学报（哲学社会科学版），2002（3）.

[21] 费孝通．反思·对话·文化自觉[J]．北京大学学报（哲学社会科学版），1997（3）.

[22] 王慧炯．对发展中国文化产业的思考[J]．北京工业大学学报（社会科学版），2002（2）.

[23] 杨书初．论江泽民对邓小平社会主义精神文明建设思想的主要发展[J]．理论与现代化，2000（2）.

[24] 孙成武．党的十八大对中国社会主义文化建设的理论贡献[J]．北京交通大学学报，2013（1）.

[25] 孙成武，李艳．十六大以来中国特色社会主义文化建设理论的新发展[J]．社会科学战线，2012（3）.

[26] 王先俊．建国初的社会变迁与党对思想文化的整合[J]．当代中国史研究，2003（3）.

[27] 胡安全．论党在过渡时期的文化政策[J]．当代中国史研究，2001（2）.

[28] 陈晋．毛泽东与文化的社会主义转变 [J]．中共党史研究，2002 (2)．

[29] 沙健孙．毛泽东关于社会主义文化建设的若干思想 [J]．毛泽东邓小平理论研究，2012 (8)．

[30] 陈松林．中国特色社会主义文化建设前沿问题探讨 [J]．长江大学学报（社会科学版），2011 (8)．

[31] 陈松林．论我国社会主义文化建设的理论基础 [J]．长江大学学报（社会科学版），2005 (2)．

[32] 郭建宁．中国特色社会主义文化建设的战略构想 [J]．创新，2009 (3)．

三、其他文献

[1] 胡锦涛．顺应时代要求深化文化体制改革　推动社会主义文化大发展大繁荣 [N]．光明日报，2010-7-24.

[2] 胡锦涛．始终坚持先进文化的前进方向　大力发展文化事业和文化产业 [N]．光明日报，2003-8-13.

[3] 文化产业振兴规划 [N]．人民日报，2009-09-27 (3)．

[4] 陈廷湘，张志红．中国共产党代表先进文化前进方向　不断走向胜利的历史经验 [C]．中国现代化与西部大开发学术讨论会论文集，2000.

[5] 刘贵田．中共第三代领导集体推进中华民族伟大复兴的历史贡献 [C]．中国共产党与现代中国，2001.

[6] 陈序．全球化背景下社会主义文化产业发展与主流意识形态

建设［D］. 南京师范大学，2008.

［7］赵士辉. 文化自觉与民族精神［C］. 中国伦理学会会员代表大会暨第12届学术讨论会论文汇编（二），2004.

［8］陈述. 继往开来，实现中华民族的伟大复兴——论第三代中央领导集体对邓小平现代化思想的继承和发展［C］. 五十年社会变迁与中国现代化学术研讨会论文集，1999.